Fips & Co

Sprachbuch 3

erarbeitet von
Silke Demleitner, Christine Kröner, Ursula Küppers-Jorzig, Stefanie Müller, Christoph Reiners, Juliane Rohrmeier, Judith Vorwerk, Madeleine Wagner, Katharina Wezel

illustriert von
Angela Fischer-Bick, Johanna Möykkylä, Wilfried Poll, Martina Theisen

Oldenbourg

Inhaltsverzeichnis

Schreibe auf.

Male und gestalte.

Schlage nach.

Arbeite am PC.

Partnerarbeit

Gruppenarbeit

1 Zusatzaufgabe

Wegweiser für besondere Seiten

Richtig schreiben

Gut zu wissen

Ferien – Freizeit – Spiele

Caro war in den Ferien auf einer Sommerfreizeit.
An einem Nachmittag wurden viele Spiele gespielt.

1 Welche Spiele wurden auf der Sommerfreizeit gespielt?

2 Welche Spiele kennst du?

3 Welche verschiedenen Arten von Spielen gibt es?

4 Was ist dein Lieblingsspiel?
Wie hast du es kennengelernt?
Was gefällt dir besonders gut daran?

5 Welche Wörter werden hier gesucht?

?	?	?	?
Tier Zoo Rüssel	Schule erklären Noten	Ferien heiß viele Wochen	Seiten lesen Bücherei

Begriffe erklären

1 Kennt ihr das Spiel Tabu? Informiert euch über die Spielregeln. So sieht eine Karte aus:

Ferien ← Diesen Begriff musst du erklären.

Sommer
verreisen
Urlaub

← Diese Wörter darfst du dabei nicht benutzen.

2 Bastelt euch eigene Spielkarten zu diesen Wörtern:

böse
Dieb
ärgern
Hexe

lustig	Euro	Lehrer	Eltern	
sauer	Hals	Strand	Sonne	spielen
kommen	Boot	Stempel	feiern	Regen
schwimmen	schreiben	essen	Tochter	liegen

3 Nun könnt ihr losspielen. Tauscht eure Kartensätze mit den anderen Gruppen aus.

4 Wie könnt ihr die oben abgebildeten Karten sortieren?

5 Warum haben die Karten unterschiedliche Farben?

6 Erweitert euer Tabuspiel. Die Wörterliste hilft euch dabei.

7 Bestimme die Wortarten der unterstrichenen Wörter.

Mama setzt sich auf eine Bank.
Die Ferien sind toll.
Die kleine Maus läuft durch das Haus.
Heute malt der schlaue Fips mit Fredo.
In unserer Freizeit spielen wir.

Schreibe so und lass genügend Platz zwischen den Wörtern.

Mama	setzt	sich	auf	eine	Bank.
Nomen	Verb			Artikel	Nomen

8 Finde für jede Wortart einen eigenen Merksatz, der dir hilft.

9 In diesen Sätzen hat Fips das Unterstreichen vergessen! Schreibe sie ab, unterstreiche Artikel, Nomen, Adjektive und Verben in unterschiedlichen Farben.

Das Handy ist neu.
Der Pudding schmeckt süß.
Findest du ein Beispiel?
Im Urlaub erleben wir viel.

Du kannst die Sätze auch am Computer schreiben und farbig bearbeiten.

Strand	Ziel	Beispiel
Urlaub	Erlebnis	erleben
Ferien	Spiel	zielen
Stuhl	verlieren	
packen	Flugzeug	
verletzen	Verletzung	

10 Schreibe eigene Sätze und bestimme die Wortarten.

AH S. 3

Der Nachschlage-Wettbewerb: Wer gewinnt?

1 Wer wird Meister im Nachschlagen?
- Jedes Kind benötigt ein Wörterbuch oder die Wörterliste.
- Der Spielleiter nennt nun ein Wort.
- Schlage es so schnell wie möglich nach.
- Hast du es gefunden? Dann hebe dein Wörterbuch in die Luft.
- Wer sich zuerst gemeldet hat, darf die Seitenzahl nennen und bekommt einen Punkt.

2 Was ist die Schwierigkeit an diesem Spiel?

3 Ordne diese Wörter nach dem ABC.

Spiel | nachschlagen | Problem | Wörterbuch | Alphabet
finden | Liste | Meister | Klasse | Buchstabe

4 Kannst du diese Wörter auch so leicht ordnen? Worauf musst du hier achten?

Kirche, **K**ünstler, **K**reis

Sand, **Saf**t, **Sal**at

Zeile, **Zeit**en, **Zeic**hen

Wenn du Wörter mit gleichen Anfangsbuchstaben ordnen willst, musst du auf den 2., 3., 4. … Buchstaben achten.

5 Übe auch mit diesen Wörtern.

Lied, Liebe, Lisa

Flugzeug, flach, Fliege

Verpackung, verletzen, versetzen

6 Für Meister im Ordnen!

Medien, Medikament, Medizin

7 Caro schreibt ihrer Freundin und erzählt von der Sommerfreizeit.
Eine Betreuerin hilft ihr dabei, den Brief zu verbessern.

Liebe Hanna!

Ich bin gerade mit meinem Bruder auf der Sommerfreizeit.
Hier erleben wir viel. Zum Beispil haben wir schon eine
„Schnitzeljagd" gemacht. Tims Gruppe gewint heufig.
Das finde ich erlich blöd. Ich ferliere nicht gerne.
Heute Nachmittag spielen wir Brettspiele.
Alle Kinder müssen sich ordentlich anzien und die Betreuer
bauen fiele Spiele auf. Das wird spaßik.

Deine Caro

Schlage die unterstrichenen Wörter im Wörterbuch nach.

8 Schreibe Caros Brief richtig in dein Heft.

9 Macht jetzt noch einmal einen Nachschlage-Wettbewerb.
Seid ihr schon schneller?

Schreibspiele

Wörter malen

Versuche, ein Wort so zu gestalten, dass sein Sinn noch deutlicher wird.
Beispiele: OBEN LOCH

Rettet das Strichmännchen

1 Lost aus, wer beginnen darf.
2 Ein Kind wählt ein Wort aus der Wortschatzkiste (Seite 7).
3 Für jeden Buchstaben wird ein Strich gezeichnet, für *Flugzeug* zum Beispiel acht Striche: _ _ _ _ _ _ _ _
4 Jetzt geht's los. Die Gruppe nennt einen Buchstaben. Wenn er im Wort vorkommt, dann schreibt man ihn an die richtige Stelle. Kommt er nicht vor, zeichnet man einen Strich dieses Bildes:

5 Das Strichmännchen ist gerettet, wenn das Wort erraten wird, bevor die Zeichnung fertig ist.

Onkel Otto

1 Jeder nimmt ein Blatt quer und faltet es zweimal zur Mitte.
2 Jeder schreibt oben folgenden Satz als Beispiel in die Spalten:

Onkel Otto	*sitzt*	*lustig*	*in der Badewanne.*

3 Schreibt nun in die erste Spalte, wer etwas tun könnte. Knickt sie nach hinten um.
4 Jetzt werden die Blätter im Uhrzeigersinn weitergereicht.
5 Schreibt in die zweite Spalte, was getan wird. Knickt wieder um und reicht weiter.
6 Schreibt in die dritte Spalte, wie man es tut. Knickt um und reicht weiter.
7 Zum Schluss schreibt ihr in die vierte Spalte, wo jemand etwas tut.
8 Jetzt klappt ihr das Blatt auf und lest. Der Satz ist bestimmt lustig!

Schreibwerkstatt

Jetzt bist du dran: Schreibe eine Spielanleitung.

1 Denke an dein Lieblingsspiel.

2 Erklärt euch gegenseitig die Regeln.

3 Schreibe auf. Die Liste hilft dir dabei.

1. Wie heißt das Spiel?
   Was für ein Spiel ist es? (Brettspiel, Kartenspiel, Gesellschaftsspiel …)
2. Wie viele Teilnehmer braucht man?
3. Was braucht man dazu?
   Worum geht es in dem Spiel?
4. Wie verläuft das Spiel?
   Tipp: Halte die Spielreihenfolge ein und schreibe in kurzen Sätzen.
5. Wann ist das Spiel zu Ende?

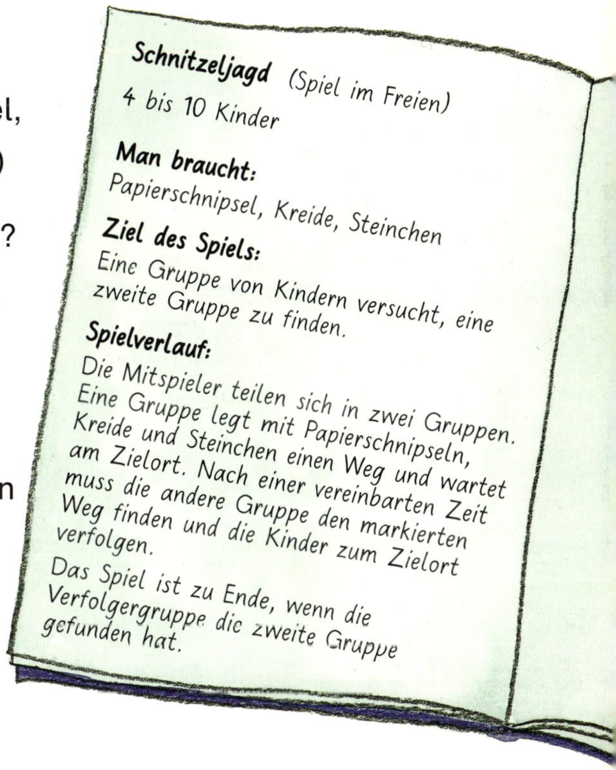

Schnitzeljagd (Spiel im Freien)
4 bis 10 Kinder

Man braucht:
Papierschnipsel, Kreide, Steinchen

Ziel des Spiels:
Eine Gruppe von Kindern versucht, eine zweite Gruppe zu finden.

Spielverlauf:
Die Mitspieler teilen sich in zwei Gruppen. Eine Gruppe legt mit Papierschnipseln, Kreide und Steinchen einen Weg und wartet am Zielort. Nach einer vereinbarten Zeit muss die andere Gruppe den markierten Weg finden und die Kinder zum Zielort verfolgen.
Das Spiel ist zu Ende, wenn die Verfolgergruppe die zweite Gruppe gefunden hat.

4 Besprecht und überarbeitet eure Spielanleitungen.
Darauf müsst ihr besonders achten:
- Wurde an alle wichtigen Punkte der Liste gedacht?
- Ist der Spielablauf klar?
- Sind die Spielregeln verständlich?

5 Spielt eure Lieblingsspiele.

AH S. 5

Sprachspiele

Schloss

Bank

1 Diese Wörter nennt man „Teekesselchen“.
Was ist das Besondere an ihnen?

2 Finde weitere Teekesselchen.

3 Jedes Paar sucht sich ein Teekesselchen aus und überlegt, wie beide Bedeutungen beschrieben werden können.

4 Spielt nun in der Klasse. Wer errät die meisten Teekesselchen?

Klangspiele

5 Probiert doch einmal diese Instrumente aus:

Klangstab, Klangholz, Triangel, Trommel, Schellenkranz, Xylofon, Guiro/Gurke, Rassel

6 Wie kannst du den Klang deines Instruments beschreiben?

schnell, hell, dunkel, langsam, bunt, laut, leise, Gefahr, rennen, schleichen, Glück, stampfen, bedrohlich, traurig, wütend

Suche noch mehr Wörter, die zu deinem Instrument passen.

Mitsprechen – nachdenken – merken

1 Zu welchem Fips gehört welcher Kasten?

mutig	Land	es gibt
Kräfte	Träume	biegen

Bahn	süß
Vase	Boot

Radio
frei
Paket

2 Kräfte mutig biegen Land Träume es gibt

An welche Regeln musst du denken? Ergänze und ordne zu.

Hörst du den Endlaut nicht genau, …

Langes i schreibst du sehr oft …

3 Sortiere die Wörter in die Tabelle.

Wolke, Mäuse, ihr schreibt, Gemüse, Korb, Bäume, Wald, er zeigt, Meer, älter, gesund, Zwiebel, Rakete, Kräuter, fröhlich, Vater, Äpfel, bloß

mitsprechen	nachdenken	merken
Wolke		

4 Diktiert euch gegenseitig die Wörter unsortiert in euer Heft. Überprüft dann gegenseitig.

5 Finde selbst zehn Wörter, bei denen du an eine Regel denken musst. Markiere die entsprechende Stelle.

Laute, Buchstaben, Wörter

1 Welche Laute hat das Lautfresserchen schon verspeist, welche mag es noch zum Nachtisch?

2 Sprecht die Wortpaare deutlich.
Hört auf die farbigen Selbstlaute und Umlaute.
Welche sprecht ihr kurz, welche lang?

Träne – Tänze	Ton – Tonne
gelb – geben	raten – Ratten
Strand – Straße	Tasche – tragen
Fluss – Flug	süß – Schlüssel

3 Achtet beim Mitsprechen besonders auf den farbigen Laut:

Ich spreche ihn kurz.	=	Ich klatsche.
Ich spreche ihn lang.	=	Ich strecke mich nach oben.

Impfung – strömen – Spaß – glücklich – Bett – Hang – Decke
stellen – hungrig – plötzlich – brav – nützlich – quälen

4 Ordne die Wörter richtig in die Tabelle ein.

kurzer Selbstlaut/Umlaut	langer Selbstlaut/Umlaut
Impfung	strömen

5 Markiere die kurzen Selbstlaute und Umlaute mit einem Punkt, die langen mit einem Strich. Kreise die Mitlaute dahinter ein.
Was stellst du fest?

Auf einen kurzen Selbstlaut oder Umlaut folgen zwei oder mehr Mitlaute.
Beispiel: Kanne, Strümpfe

Wörter mit doppeltem Mitlaut

Hörst du nach dem kurzen Selbstlaut nur einen Mitlaut, musst du ihn verdoppeln.
Sonne, Mutter, essen, billig

1 Zweiter Mitlaut gesucht! Schreibe so: *Sonne, …*

Son◯e, Flüs◯e, ken◯en, dün◯, las◯en, hof◯en, nas◯

2 Bilde Reimwörter und schreibe sie auf.

T, K, W – anne	F, h, schn – ell	R, b, Gew – itter	m, fr, verg – essen

3 Bilde möglichst viele Wörter. Du musst nicht alle Bausteine verwenden.

- W, M, p, Kl, l, f – **ass** – er, en, e
- m, Fl, K, k, fl, R – **üss** – e, en, ig, el
- K, H, L, St, st, r – **amm** – er, eln, en

4 Auch hier klingen Selbstlaut und Umlaut kurz. Schlage nach und schreibe die Wörter in dein Heft. Was fällt dir auf?

Ka■e

Mü■e

Bli■e

Da■el

Bä■er

De■e

AH S. 6

Klassensprecherwahl

1 Die Kinder haben ganz unterschiedliche Meinungen:
- Was sagst du dazu?
- Warum können die Kinder sich nicht einigen?
- Wie habt ihr in eurer Klasse den Klassensprecher gewählt?

2 Klassensprecher brauchen bestimmte Eigenschaften.
Wie heißen Wörter, die beschreiben, wie jemand oder etwas ist?

Erinnerst du dich?
Mit Adjektiven kannst du ausdrücken, wie jemand oder etwas ist.

3 Klärt gemeinsam, was diese Adjektive meinen.

4 Hast du diese Adjektive schon einmal gehört?
Informiere dich, was sie bedeuten.

5 Die Kinder der Klasse 3a legen eine Tabelle an, wie ihr Klassensprecher sein soll und wie er nicht sein soll.
Lege in deinem Heft eine Tabelle an und trage die Eigenschaften ein.

Wie soll ein Klassensprecher sein?	Wie soll ein Klassensprecher nicht sein?
mutig	feige

Tipp: Schau auch in deinem Wörterbuch nach.

Erinnerst du dich?
Mit Adjektiven kannst du auch Gegensätze ausdrücken.

6 Suche zu jedem Adjektiv in deiner Tabelle das passende Nomen.
Schreibe so:

Adjektiv	Nomen
mutig	der Mut
feige	die Feigheit

Tipp: Schau auch im Wörterbuch nach.

Besondere Nomen

1 Stellt einige dieser Nomen dar.

Wut | Trauer | Angst | Freude

Diese Nomen sind anders als die, die du bis jetzt kennengelernt hast. Du kannst sie fühlen, erleben oder dir vorstellen, aber nicht anfassen. Nomen schreibst du immer groß.

2 Schreibe den Text in dein Heft ab. Unterstreiche dort alle Nomen farbig.

In der Klasse 3a findet die Wahl zum Klassensprecher statt. Für Dario, Lotte und Max werden fast gleich viele Stimmzettel abgegeben. Große Bewunderung empfinden die Kinder für Darios Mut und Lottes Wissen in Mathematik. Max halten die meisten Kinder für einen Angeber. Trotzdem stehen an der Tafel für Max genauso viele Striche wie für Lotte. Bei Gleichstand müssen die Kinder noch einmal wählen. Wer wird wohl Sieger werden?

3 Lege eine Tabelle an und sortiere alle Nomen von Aufgabe 2 ein. Schreibe den Artikel dazu.

Nomen für Menschen, Tiere, Pflanzen, Dinge	*Nomen, die anders sind*
die Klasse	*die Wahl*

4 Findet Erklärungen für die Nomen in der 2. Spalte eurer Tabelle.

Im Klassenzimmer

1 Betrachtet das Bild und beschreibt genau, was ihr seht.
Was können die Gründe für diesen Streit sein?

2 Überlegt euch, wie die Kinder ihren Streit friedlich lösen können.
Was könnten sie sagen?

3 Spielt eure Ideen vor.

4 Habt ihr schon eine ähnliche Situation erlebt?

- Was für einen Grund hatte euer Streit?
- Wie habt ihr den Streit gelöst?
- Wie hast du dich beim Streit gefühlt?
- Wie hat sich wohl der andere gefühlt?

Mit Regeln geht es leichter

1 Sucht Regeln, die für eure Klassengemeinschaft wichtig sind, und schreibt sie auf.

Um Streit in der Schule und im Klassenzimmer zu vermeiden, ist es wichtig, dass man Regeln beachtet.

2 Gestaltet ein Plakat und stellt es vor.

Unterrichts-gespräch

- Wir melden uns, weil …
- …
- …

Pause

- Wir schubsen nicht, weil …
- …
- …

Partnerarbeit/ Gruppenarbeit

- Wir arbeiten so leise wie möglich, weil …
- …
- …

Freiarbeit

- Wir nehmen uns immer nur ein Spiel.
- …
- …

3 Bestimmte Regeln könnt ihr besser einhalten als andere. Überlegt, woran es liegt.

4 Tipp: Legt ein gemeinsames Tagebuch an. Schreibt darin auf, wie ihr Streit in der Klasse löst. Tragt ein, wie ihr euch geeinigt habt.

Freizeit

fertig
fröhlich
hoffentlich
plötzlich
Spaß
nass
ärgern
Schreck
schwierig
glatt
Stapel
Sprung

1 Sucht euch ein Bild aus. Überlegt euch dazu eine Geschichte.
Spielt sie den anderen Kindern im Klassenzimmer vor.

2 Schreibe deine Geschichte auf.

Vor lauter Schreck … | Sofort … | Auf einmal … | Danach … | Zum Schluss …

3 Legt ein Geschichtenbuch für eure Klasse an.
Sammelt darin eure Geschichten.

Sammelt eure Geschichten in einem Ordner. Dann kann sie jedes Kind aus der Klasse immer wieder lesen.

Pronomen

Fips trifft sich gerne mit seinen Freunden. Gemeinsam erleben Fips, Frida und Fredo viele spaßige Dinge. Gestern spielten Fips, Frida und Fredo Fußball. Dabei hat Fips viermal getroffen. Fips war auch auf Fredo sehr stolz. Fredo schoss zwei Tore. Frida war Torwart. Frida hielt insgesamt sieben Schüsse.

1 Lies den Text durch. Was fällt dir auf?

2 Schreibe den Text in dein Heft.
Ersetze die farbigen Wörter durch die Wörter im Ball.

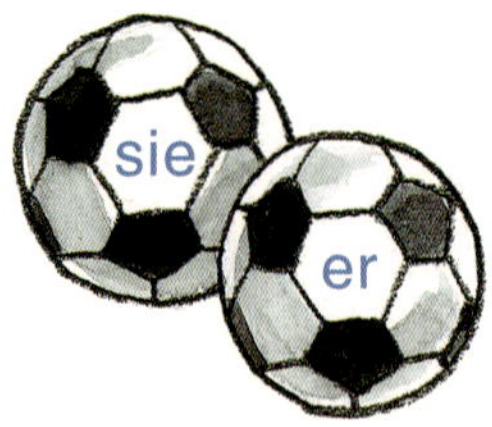

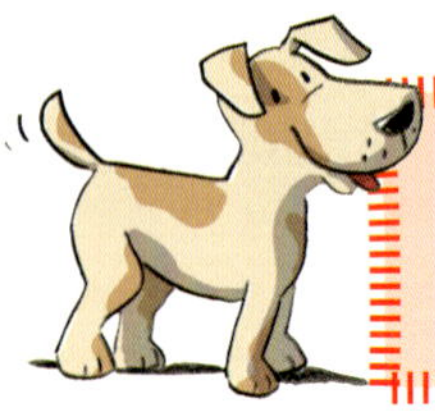

Nomen kannst du durch Pronomen ersetzen.
Pronomen sind:
ich, du, er, sie, es, wir, ihr, sie.

3 Schreibe den Text ab und setze die fehlenden Pronomen ein.

Wenn du Pronomen verwendest, vermeidest du Wortwiederholungen.

ich
du
er
es
ihr
2 x wir
3 x sie

Gleich nach der Schule spielen Felix und Max Fußball. ■ sind Brüder. Max hat eine Jeans an. ■ ist frisch gewaschen. Felix trägt ein Hemd. ■ ist ganz neu. „■ müssen aufpassen, dass ■ uns nicht schmutzig machen. Sonst schimpft Mama“, sagt Felix. „■ kannst gut schießen“, lobt ■ seinen Bruder. „■ gebe mir auch große Mühe“, sagt Max. Als ■ nach Hause kommen, fragt Mama: „Wo wart ■ nur so lange?“

AH S. 9

Nomen und Pronomen

Nomen können Menschen, Tiere, Pflanzen oder Dinge bezeichnen.

Nomen schreibst du immer groß.

Es gibt auch andere Nomen. Sie drücken Gefühle, Ideen und Gedanken aus: Angst, Mut, Nähe, Bewunderung …

Nomen kannst du durch Pronomen ersetzen. Pronomen sind: ich, du, er, sie, es, wir, ihr, sie.

1 Findest du für diese Situationen treffende Nomen?

Info

Willst du noch mehr wissen?

Viele Fachbegriffe kommen aus dem Lateinischen. „Pro" ist lateinisch und bedeutet „für". Weil Pronomen für Nomen stehen, heißen sie so.

Pronomen können sich auch verändern:
Du bist nett. Weil ich dich mag, schenke ich dir ein Buch.

2 Schreibe den Text ab und setze die richtigen Pronomen ein.

Max und sein Bruder wollen zum Schwimmen gehen.
Papa packt ■ Brote ein. „Gib ■ auch etwas Süßes mit", betteln sie.
„■ schmeckt Mamas Kuchen am besten", sagt Max.
„Magst du ■ auch?", fragt er seinen Bruder. „Na klar!"

Ein Radausflug

1 Erzählt euch gegenseitig die Geschichte.
Was könnte zwischen den Bildern passiert sein?
Wo ist die Geschichte am spannendsten?

2 Welches Bild passt zu deiner Geschichte?

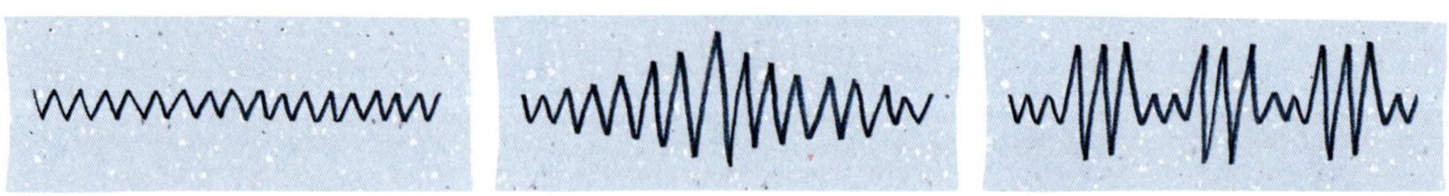

3 Spielt die Geschichte mit Orff-Instrumenten.

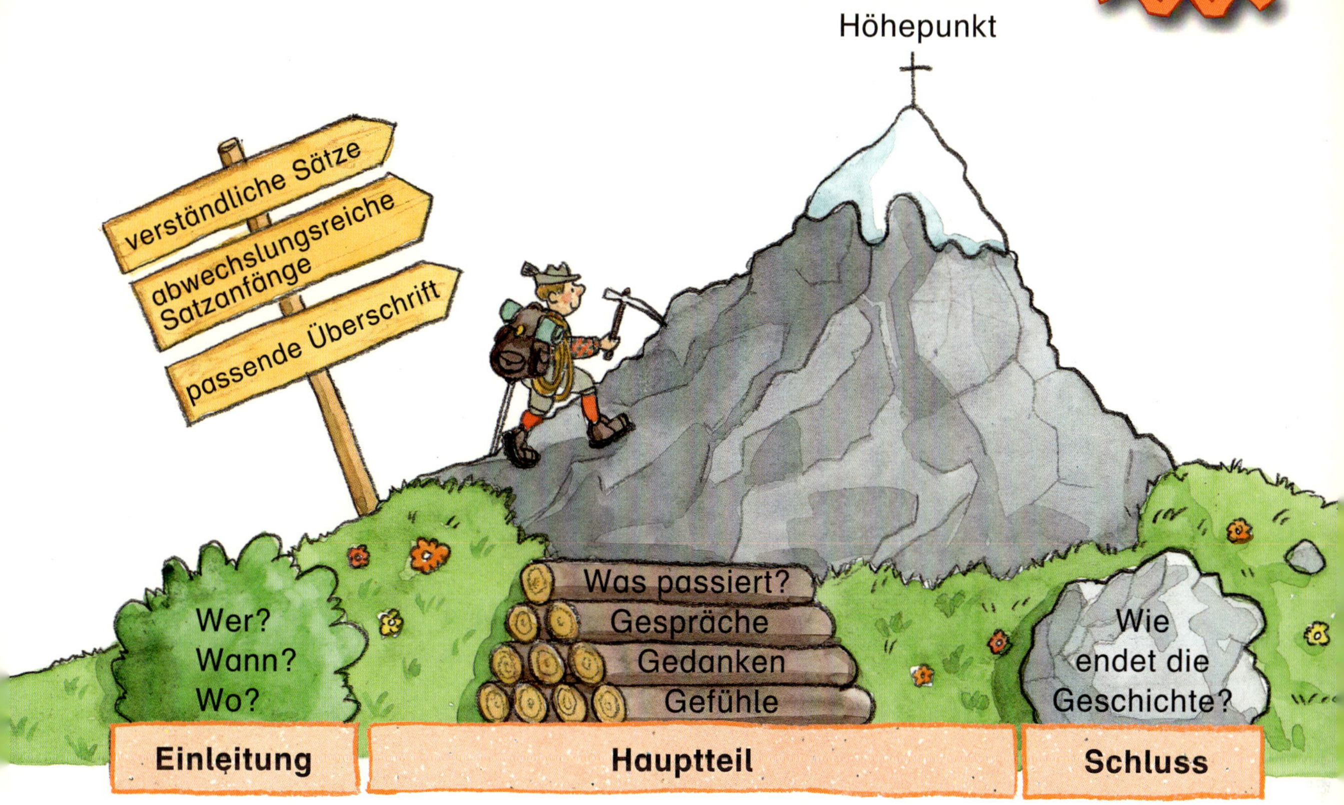

4 Erkläre das Bild.
Wie kann es dir beim Schreiben deiner Geschichte helfen?

5 Schreibe zu den Bildern vom Radausflug eine Geschichte.
Du kannst auch am Computer arbeiten.

Ausflug   Reifenpanne   einen Platten haben   Dämmerung   plötzlich
Unglück   Pech   Ärger   verzweifelt   finster   unheimlich   schieben

6 Besprecht und überarbeitet eure Geschichten.
Darauf müsst ihr besonders achten:

- Sind die Sätze verständlich?
- Sind die Satzanfänge unterschiedlich?
- Macht die Überschrift neugierig?
- Gibt es eine Einleitung, einen Hauptteil und einen Schluss?
- Hat die Geschichte einen Höhepunkt?

AH S. 10, 11

Richtig schreiben

So schreibst du richtig ab

Lies den gesamten Text durch. — **Lesen**

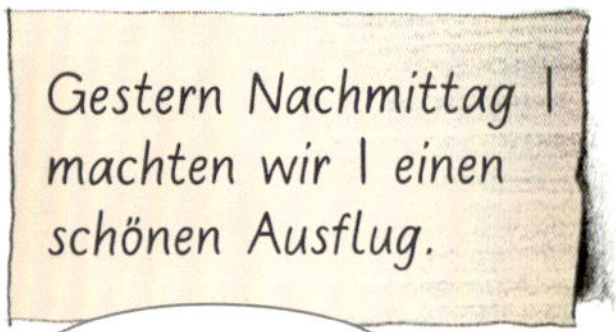

Teile jeden Satz in sinnvolle Abschnitte ein. — **Einteilen**

Entscheide, wie viele Wörter du dir merken willst. — **Entscheiden**

Sprich langsam und deutlich beim Schreiben mit. — **Mitsprechen**

Kontrolliere jedes Wort. — **Kontrollieren**

Achte dabei auf schwierige Stellen. — **Stolperstellen**

Verbessere deine Fehler. — **Verbessern**

1 Schleichdiktat!

Gestern Nachmittag machten wir einen schönen Ausflug.
Wir fuhren mit unseren Rädern an mehreren Wiesen vorbei.
Einmal lagen viele kleine Scherben auf dem Weg.
Da hatten wir Glück, dass unsere Reifen nicht kaputtgingen.
Auf dem Rückweg hielten wir an, um einen bunten
Blumenstrauß zu pflücken. An einem Waldrand
sahen wir sogar einen Bienenschwarm.
Wir hatten alle viel Spaß.

2 Tauscht eure Texte, kontrolliert und unterstreicht alle Fehler.

3 Berichtige deine Fehler.

Richtig schreiben

Auf einem Radausflug kann man viele Dinge sehen

Familie König macht einen Ausflug mit dem  .

Herr König hat einen   dabei.

Am Wegrand  Bäume.

Über den Weg  ein  .

Ein  versteckt sich im Gebüsch.

Auf dem Heimweg pflückt Familie König einige  .

1 Schreibe den Text ab und setze für die Bilder passende Wörter ein.

2 Überprüfe mit dem Wörterbuch.

3 Unterstreiche Nomen, Verben und Adjektive in deinem Heft farbig.

4 Welche Wortart schreibst du immer groß?

5 Hier war der Fehlerteufel am Werk!

gestern machten wir einen Ausflug mit dem Rad als wir einige Zeit
unterwegs waren, bekam ich Hunger deshalb machten wir
eine Pause im Rucksack hatten wir etwas zu essen und auch
zu trinken dabei zum Nachtisch gab es Kuchen und Obst

Schreibe den Text richtig in dein Heft.
Markiere die Satzanfänge und denke an die Punkte.

Erinnerst du dich?
Nomen und Satzanfänge schreibst du immer groß.

AH S. 12, 13

Heute: großes Wald-Expertentreffen

1 Könnt ihr die Fragen der Kinder schon beantworten?

2 Welche Themen interessieren euch besonders?

Das gehört in die Expertenmappe

Ein Deckblatt

Hier steht der Titel mit Bild oder Foto und mit den Namen der Autoren.

1 Jeder entwirft ein Deckblatt für die Wald-Expertenmappe.
Wählt gemeinsam einen Entwurf aus.
Verwendet stabiles Tonpapier oder Fotokarton.

Die Kapitel

Eine Expertenmappe besteht aus mehreren Kapiteln.
Ein Kapitel besteht aus einem Text und meistens auch aus Bildern.
Jedes Kapitel hat eine eigene Überschrift und eine Nummer.

2 Überlegt in der Klasse, welche Kapitel zum Thema Wald passen.
Sammelt eure Ideen als Kapitelüberschriften an der Tafel.
Gebt jedem Kapitel eine Nummer.

3 Bildet Gruppen. Jede Gruppe wählt sich ein Kapitel aus.
Sammelt Informationen und erstellt gemeinsam oder mit verteilten Aufgaben den Text.
Denkt daran: Schreibt ganze Sätze und lasst Platz für Fotos oder Zeichnungen.

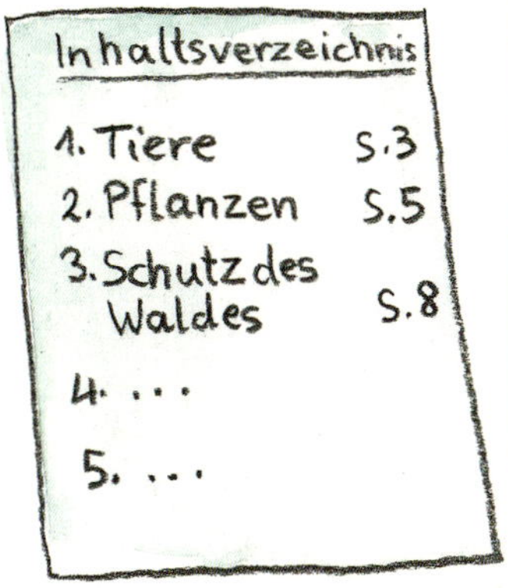

Ein Inhaltsverzeichnis

Das ist die zweite Seite.
Hier stehen alle Kapitel der Expertenmappe.
Nummeriert die Seiten der Mappe durch.
Nun könnt ihr im Inhaltsverzeichnis zu jedem Kapitel auch die Seitenzahl schreiben.

Ihr könnt auch ganz andere Themen für die Kapitel aussuchen.

4 Wie soll das Inhaltsverzeichnis zur Wald-Expertenmappe aussehen?

5 Notiert einen Entwurf und schreibt ihn anschließend sauber auf.

Ein Literaturverzeichnis

Das ist immer die letzte Seite der Mappe.

Das ist eine Liste, in der alle Bücher, Bilder und Internetadressen angegeben sind, die ihr für die Expertenmappe verwendet.

6 Schreibt auf, woher ihr eure Informationen erhalten habt.

7 Jetzt bist du Experte zum Thema Wald. Du kannst nun selbst eine Mappe zu deinem Lieblingsthema erstellen. Im Sprachbuch findest du bei diesem Zeichen immer wieder Hinweise und Themenvorschläge.

Wald	führen	wachsen	wild	Fichte	Fuchs
Text	Pilz	Nuss	Moos	Angst	Geruch
Laub	Kreuzung	wechseln	Höhle	Höhe	

Kurz und bündig

Steckbrief

? : Großes Mausohr

? : 7-8 cm groß
? : 40 cm Flügelspannbreite
? : Höhlen
? : 40 g schwer
? : Nachtfalter, Laufkäfer
? : nachtaktiv

1 Überlegt gemeinsam: Welche Merkmale hat ein Steckbrief?
Wann ist es sinnvoll, einen Steckbrief zu schreiben?

2 Ersetze die Fragezeichen durch die passenden Stichwörter.
Schreibe den Steckbrief ins Heft. Die Fledermäuse helfen dir dabei.

3 Schreibe selbst einen Steckbrief zu einem Waldtier.

4 Mischt eure Steckbriefe. Ein Kind liest einen Steckbrief vor,
ohne den Namen des Tieres zu nennen.
Die übrigen raten, welches Tier gemeint ist.

Tolle Idee! Das ist ja wie eine Zusammenfassung. Da steckt das Wichtigste zum Thema drin.

Auch ein Steckbrief kann ein Kapitel deiner Expertenmappe sein.

AH S. 14

Timo stellt seinen Steckbrief vor

1 Wie gelingt ein guter Vortrag?

2 Formuliert zu den Gedanken Tipps. Schreibt so auf kleine Kärtchen:

Sprich in ganzen Sätzen!	Mach Pausen!	Erkläre fremde Wörter!	?

3 Erstellt ein Klassenplakat, wie ein Vortrag gut gelingt.

4 Trage den anderen Kindern deinen Steckbrief vor.
Denke an die Tipps für einen guten Vortrag.

Besser sehen mit den Waldfüchsen

Lisa ist Mitglied bei den „Waldfüchsen".
Sie findet die Gruppe toll und erzählt, was sie zusammen unternehmen.

Wir sind die Waldfüchse. Im Wald sehen wir viele Tiere und Pflanzen. Wir sehen auch immer neue Tierspuren. Manchmal sehen wir seltene Tiere und alte Bäume. Wenn wir genau sehen, sehen wir das Alter eines Baums. Leider sehen wir auch immer mehr Umweltverschmutzung im Wald.

1 Wie findest du Lisas Bericht? Begründe.

2 Welchen Tipp hast du für Lisa? Überlege mit deinem Partner.

3 Schreibe Lisas Text abwechslungsreicher.
Lies auch die Fuchsspuren.

4 Schreibt weitere Wörter für sehen auf.

5 Spielt euch folgende Wörter pantomimisch vor.

Wortfelder sind nützlich

1 Setze ein passendes Wort für sehen ein.

Der Falke ■ die Feldmaus.
Tim ■ den Regenwurm am Waldboden.
In der Baumkrone ■ Lisa ein Eichhörnchen.
Das scheue Rehkitz ■ ängstlich ins Licht.
In der Dämmerung ■ mich der junge Fuchs ■ .

erspähen | blicken | entdecken | anstarren | beobachten

> Wörter mit ähnlicher Bedeutung gehören zu einem Wortfeld. Du kannst mit ihnen genau und abwechslungsreich beschreiben.

2 Sucht andere Wörter für sehen, lachen, weinen, schlafen, machen, bewegen. Schreibt sie auf.

3 Stellt Wortfeldsäckchen her. Jede Gruppe schreibt auf Kärtchen Wörter eines Wortfelds. Sammelt sie in kleinen Stoffbeuteln im Klassenzimmer.

4 Das Waldfüchsespiel
So geht's: Nummeriert alle Wortfeldsäckchen von 1 bis 6 durch. Würfelt nun reihum. Wer gewürfelt hat, nimmt das Säckchen mit der entsprechenden Zahl und zieht ein Kärtchen. Das erste Kind erzählt mit seinem Kärtchen den ersten Satz einer Geschichte. Die nächsten Kinder setzen die Geschichte mit ihren Kärtchen fort. Die bereits verwendeten Kärtchen werden abgelegt. Viel Spaß!

AH S. 15

Sturm im Laubwald

Lisa und die Waldfüchse sind wieder einmal im Wald.
Leider hat der letzte Sturm dort einige Bäume zerstört.
Sie mussten deshalb gefällt werden.

alt	älter	am ältesten
Grundstufe	1. Vergleichsstufe	2. Vergleichsstufe

1 Schreibe die Baumsätze ab. Unterstreiche das Adjektiv.
Was verändert sich?

2 Schreibe immer drei zusammengehörende Adjektive in dein Heft.

steiler	am höchsten	neu	mehr	steil	am neuesten
hoch	am steilsten	neuer	höher	dunkel	am weichsten
weich	am dunkelsten	viel	dunkler	weicher	am meisten

3 Suche aus der Wörterliste sechs Adjektive.
Schreibe sie in den drei Stufen auf. Lass deinen Partner kontrollieren.

Mit Adjektiven vergleichen

1 Erkläre diese Vergleiche und schreibe sie auf.

so schlau wie 
so schnell wie 

so frei wie 
so leicht wie 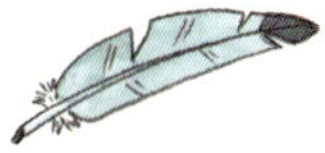

2 Suche weitere Vergleiche. Schreibe so: *so langsam wie eine Schnecke, ...*

3 Schreibe zu weiteren Adjektiven aus der Wörterliste Sätze mit Vergleichen aus deinem Alltag.

4 Vergleicht die Tiere.

Der obere Frischling ist genauso groß wie der untere.

Das Wildschwein ist größer als die Frischlinge.

Wie hat sich das Adjektiv verändert?

5 Bildet Vergleichssätze zu den Bildern und schreibt sie ins Heft.

 langsam 

 bunt 

 groß 

 selten 

 gefährlich 

 klein 

Bunter Wald

Im Herbst finden die Tiere steinharte Nüsse auf dem moosweichen Boden. Die meisten Tiere können diese Nahrung blitzschnell öffnen. Mäuse knacken mit ihren nadelspitzen Zähnen die Schalen entzwei. Vögel hingegen bohren mit ihrem messerscharfen Schnabel Löcher, um an die erdbraunen Kerne zu gelangen. Bis in den späten Herbst finden sie außerdem hauchzarte Beeren. So legen sich viele Tiere riesengroße Vorräte für den Winter an.

1 In diesem Waldtext findet ihr acht zusammengesetzte Wörter. Stellt euch dazu abwechselnd Rätsel.

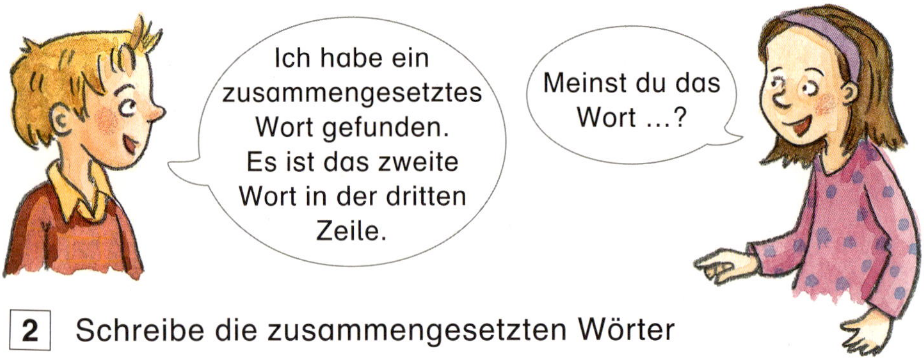

2 Schreibe die zusammengesetzten Wörter aus dem Waldtext so auf:

Wort	*Nomen*	*Adjektiv*
steinhart	*der Stein*	*hart*

3 Zu welcher Wortart gehören diese zusammengesetzten Wörter? Begründe.

4 Erkläre die zusammengesetzten Adjektive mit eigenen Worten. Schreibe so: *steinhart – so hart wie ein Stein, sehr hart …*

5 Schnell oder blitzschnell? Warum ist es manchmal nützlich, zusammengesetzte Adjektive zu verwenden?

AH S. 18

Adjektive

Adjektive gibt es in drei Stufen.

Grundstufe:	alt
1.Vergleichsstufe:	älter
2. Vergleichsstufe:	am ältesten

Aufgepasst bei diesen besonderen Adjektiven:

viel, mehr, am meisten
gut, besser, am besten

Mit Adjektiven kannst du vergleichen:

so groß wie 

größer als 

am größten 

1 Schreibt zu den besonderen Adjektiven Beispielsätze.

2 Hast du Lust auf ein Wald-Experiment?
Sammle im Wald einige Zapfen und lege sie in eine Schale mit Wasser.
Schreibe auf, was du beobachtest.
Überlege mit deinem Partner, warum das so ist.

Bei Regen verschließen Tannen, Kiefern und Fichten ihre Zapfen, damit die Samen geschützt sind und trocken bleiben. Sobald die Sonne scheint, öffnen sich die Zapfen wieder.

Info

Willst du noch mehr über den Wald wissen?

Den Aufbau des Waldes kann man mit Hochhäusern vergleichen. Im obersten Stockwerk bauen sich Vögel und Eichhörnchen ihre Nester. Darunter wohnen Siebenschläfer und Baummarder. Im Erdgeschoss leben Rehe, Wildschweine und Dachse. Im Keller schließlich tummeln sich Käfer, Spinnen, Würmer und vieles mehr.

Im Wald unterwegs

Das Eichhörnchen wird fünf bis sechs Jahre alt.

Wenn der Morgen dämmert, kehrt die Fledermaus flugs in ihre Höhle zurück.

Knacks, jetzt ist ein Ast ab!

Die Spuren stammen von einem Fuchs.

Max, der Siebenschläfer, schläft von Oktober bis Mai.

Wind und Regen kommen oft aus Westen. Deshalb wachsen auf der Wetterseite Moos und Flechten am Baumstamm.

Das Harz von Bäumen kleckst stark.

Manche Pilze wachsen im Kreis. Das nennt man Hexenring.

Bei einem Schneckenkönig dreht sich die Spirale des Häuschens links herum. Das ist sehr selten.

Wenn der Igel Angst hat, rollt er sich schnell zu einer Stachelkugel, die piksen kann.

Der Dachs wechselt in seinem Bau von Stockwerk zu Stockwerk.

Richtig schreiben

1 Lest abwechselnd die Texte.

2 Legt auf alle markierten Stellen ein Papierkügelchen.

3 Sprecht euch die farbigen Wörter deutlich vor und hört genau hin. Was haben sie gemeinsam?

4 Was müsst ihr beim Schreiben dieser Wörter beachten?

So lernst du, Merkwörter richtig zu schreiben:

① Lies das Wort und sprich es langsam und leise.

② Merke dir die Buchstabenfolge.

③ Sprich das Wort langsam und schreibe im gleichen Tempo mit.

④ Kontrolliere.

5 Sortiere die Merkwörter in die Tabelle ein.

6 Lass dir nun sechs Merkwörter diktieren. Markiere in jedem Wort die schwierige Stelle. Anschließend kontrolliert dein Partner. Wechselt euch ab.

7 Sicher wisst ihr noch mehr über den Wald. Stellt Quizfragen zusammen. Verwendet eigene Ideen und die Texte gegenüber. Beispiel: *Welches Geräusch macht ein Ast, der abknickt?*

Auf der Straße ist immer was los!

1 Wo würdest du am liebsten wohnen? Begründe.

2 Wählt eine Straßensituation aus und spielt sie nach.
Was könnten die Personen sagen?

3 Gestalte einen Ausschnitt aus dem Bild mit Sprechblasen und lass die Menschen sprechen.

4 Wie könnte so ein Gespräch weitergehen? Erfinde einen kleinen Comic.

5 Was gibt es in deiner Straße Besonderes?

Schreibprojekt Kinderstraße

Hier kannst du lesen, was Kinder über ihre Straße geschrieben haben:

Markus – Hauptstraße
Meine Straße ist sehr lang. Es gibt den Bäcker Ritter, das Rathaus und ein Gasthaus. Die Schule ist auch in meiner Straße. Meistens fahren hier über 100 Autos pro Stunde. Zurzeit ist in meiner Straße eine große, laute Baustelle. Der Vorteil ist aber, wir können auf der Straße spielen.

Anne - Bahnhofstraße
Ich wohne gerne in meiner Straße, weil sie ruhig ist. Abends sind die Züge laut, aber das ist nicht so schlimm. Unsere Straße ist nicht besonders lang, aber das ist in Ordnung. Bei unseren Nachbarn gibt es einen Baum im Garten. Wenn ich Ruhe haben will, klettere ich hoch und lese ein Buch. Das ist mein Lieblingsplatz.

Rico – Theodor-Heuss-Straße
Meine Straße ist gerade und es gibt nur ein einziges Haus.
Sie wurde nach dem ersten Bundespräsidenten Deutschlands benannt.
Ich wohne gerne dort. Das Beste ist: Vor meinem Haus ist ein Bolzplatz.

1 Berichte von deiner Straße.

2 Was magst oder machst du gerne in deiner Straße? Du kannst dein Bild auch mit Fotos gestalten.

3 Unter www.kinderstrasse.com kannst du noch mehr Texte von Kindern über ihre Straße lesen.

My street, Mary – London

Hier wohnen wir

1 Sprecht die Sätze. Was fehlt?

2 Schreibe die Sätze vollständig auf und markiere die Satzzeichen farbig.

3 Bilde passende Fragesätze. Schreibe so und unterstreiche die Verben:
In meiner Straße <u>fahren</u> viele Autos.
<u>Fahren</u> in meiner Straße viele Autos?

Erinnerst du dich?
Es gibt verschiedene Satzarten:
Aussagesätze
enden mit einem Punkt. **.**
Fragesätze
enden mit einem Fragezeichen. **?**
Ausrufesätze
enden mit einem Ausrufezeichen. **!**

In meiner Straße fahren viele Autos. | Neben meinem Haus ist eine Bushaltestelle.
Auf unserem Hof spielen viele Kinder. | Mein Freund wohnt in einer Spielstraße.
In unserer Straße fährt die Straßenbahn. | Zur Schule gehen wir durch einen Tunnel.

4 Hier sind die Sätze durcheinandergeraten.
Achte auf die Satzanfänge und verwende die richtigen Satzzeichen.

draußen | ich | gerne | spiele
Spielplatz | mir | zum | du | mit | gehst
Auto | kommt | ein | da | Achtung,
Sand | wollen | im | bauen | etwas | wir
Uhr | ich | fünf | heimgehen | um | muss

AH S. 20

Auf den Ton kommt es an ...

Lara braucht Hilfe. Das könnte sie sagen:

1 Spielt die Aufforderungen nach:
- Achtet auf die Satzzeichen.
- Verändert eure Stimme.
- Seid freundlich, ärgerlich, verzweifelt …
- Beobachtet das Gesicht eures Partners.

2 Wie würdest du in solchen Momenten gerne angesprochen werden? Begründe.

3 Kannst du Laras Aufforderungen höflicher formulieren? Schreibe sie auf.

Wenn du jemanden auffordern möchtest, etwas zu tun, kannst du einen Aussagesatz **.**, einen Fragesatz **?** oder einen Ausrufesatz **!** verwenden.

4 Überlegt euch zu den Bildern Aufforderungssätze und spielt eure Ideen vor.

5 Schreibe zu jedem Bild eine höfliche Aufforderung in dein Heft.

6 Was würdest du sagen? Finde weitere Beispiele.

AH S. 21

... und auch auf die Betonung!

1 Viele Fragen und immer die gleiche Antwort?
Versucht so zu sprechen, dass Frage und Antwort zusammenpassen.
Was fällt euch auf?

2 Schreibe die drei Fragen mit der Antwort in dein Heft.
Markiere die Wörter, die betont werden.

3 Findet zu den markierten Wörtern die Fragen.
Sprecht die Antworten mit der passenden Betonung.

Sami geht heute ins Schwimmbad.
Moritz mag morgens gerne Müsli.
Pia kann gut Fußball spielen.

4 Sprich diesen Satz mit unterschiedlicher Betonung
und finde passende Fragen. Wie verändert sich der Sinn?
Schreibe auf und unterstreiche die betonten Wörter im Antwortsatz.

Timo geht morgen ins Kino.

AH S. 22

Post aus Frankreich

Paula ist mit ihrer Familie nach Frankreich umgezogen.
Diesen Brief und die Fotos hat sie
ihrer früheren Klasse in Deutschland geschickt:

Lyon, 28.05.2010

Liebe Klasse 3b!

Na, wie geht es euch? Ich habe hier schon einige Freunde gefunden.
Lyon ist eine der größten Städte in Frankreich.
Wir wohnen jetzt in einem kleinen Haus mit Garten am Stadtrand.
Zur Schule müssen wir eine halbe Stunde mit dem Auto fahren.
Ich gehe in die dritte Klasse der internationalen Schule. Da sind Kinder aus über zwanzig Ländern und es werden neun Sprachen unterrichtet. Ich kann sogar schon ein Klatschspiel auf Japanisch!
Der Unterricht ist auf Französisch und ich habe am Anfang gar nichts verstanden. Zum Glück gibt es den Französisch-Förderkurs und in Mathe geht ja vieles auch ohne Sprechen!
Wir haben sechs Stunden in unserer eigenen Sprache.
Leider haben wir immer Schule bis 16.30 Uhr. Das ist doof, weil ich nicht gerne in der Kantine esse und zu wenig Zeit zum Spielen habe.
Zum Glück ist hier in der Grundschule immer mittwochs frei.
Da können wir dann ausschlafen und ich kann zum Geräteturnen.
So, jetzt mache ich mit meiner Mutter noch einen Kartoffelsalat für das Fest in unserer Straße. Heute ist nämlich der europäische Nachbarschaftstag. Habt ihr davon schon einmal gehört?

Schreibt mir doch auch mal!
Viele Grüße und salût!

Eure Paula

Emploi du temps

	lundi	mardi	mercredi	jeudi	vendredi
9.00	D	Förder		Su	Förder
	Förder	D	Frei!	Ma	F
12.00	Ma	D		F	Ku
récréation					
13.30	Su	F		D	Ma
	F	F	Frei!	D	F
16.30	F	Ma		D	Sp

1 Was erfahrt ihr über Paulas Leben in Frankreich?
Vergleicht mit eurer Schulwoche.

2 Was würdest du Paula antworten?
Schreibe einen Antwortbrief.

- Notiere Ort und Datum.
- Schreibe nach der Anrede einen Einleitungssatz.
- Berichte von dir und begründe deine Aussagen.
- Formuliere Fragen an Paula.
- Beende deinen Brief mit einem Schlusssatz und einer netten Grußformel.

Liebe ...

Hallo, Paula!

Stell dir vor, ...

Ich finde ...

Warum ...

Hast du eigentlich ...

Bis bald ...

Es grüßt dich ...

3 Besprecht nun eure Briefe.
Darauf müsst ihr besonders achten:

- Wurde an alle wichtigen Punkte aus Aufgabe 2 gedacht?
- Sind die einzelnen Sätze verständlich?
- Sind die Satzanfänge unterschiedlich?

4 Überarbeite deinen Brief und überprüfe schwierige Wörter mit dem Wörterbuch.
Du kannst auch am Computer schreiben.

Deutschland	deutsch	aufwecken	anders
Stadt	Land	beginnen	ähnlich
Schwierigkeit	Straße	besser	eigentlich
Interesse	ändern		

5 Habt ihr Freunde, die woanders zur Schule gehen?
Vielleicht können eure Klassen eine Brieffreundschaft beginnen.

AH S. 23

Gemeinsam feiern

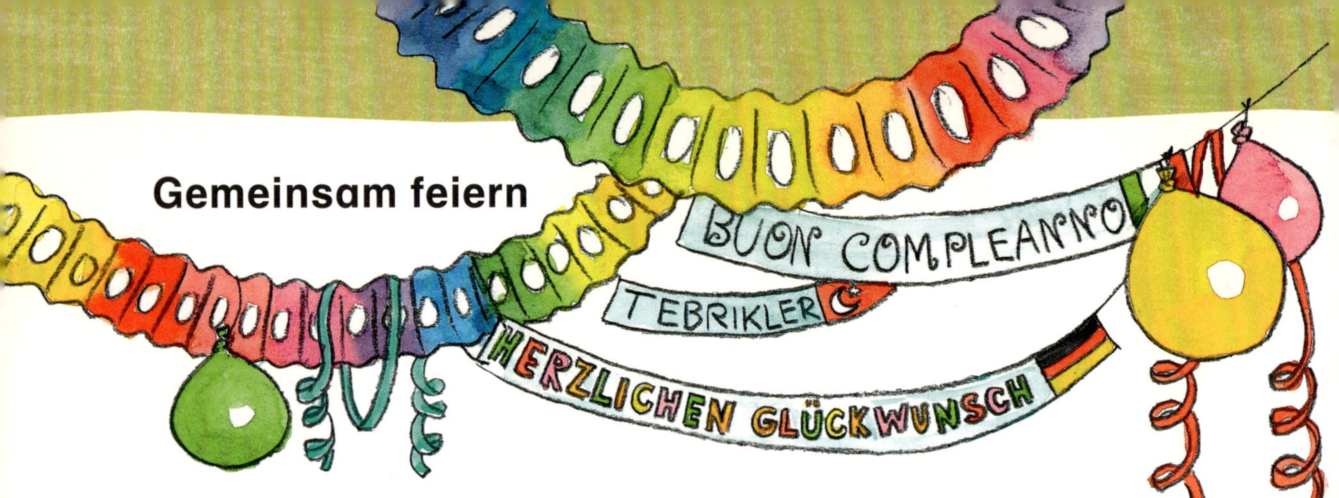

1 In welchen Sprachen findet ihr die Glückwünsche zum Geburtstag im Lied? Könnt ihr Ähnlichkeiten entdecken?

2 Werden in eurer Klasse andere Sprachen gesprochen?
Baut Glückwünsche in euren Sprachen ein.
Tipp: Achtet dabei auf die Anzahl der Silben.

3 Findet heraus, wie diese Wörter in anderen Sprachen lauten:

Guten Morgen! | Guten Appetit! | Ja! | Nein! | Gut! | Freund | spielen

4 Wie feiert ihr bei euch zu Hause Geburtstag?
Berichtet aus eurer Familie.

Gut zu wissen

Die Satzarten

Es gibt verschiedene Satzarten:

Aussagesätze enden mit einem Punkt. **.**
Fragesätze enden mit einem Fragezeichen. **?**
Ausrufesätze enden mit einem Ausrufezeichen. **!**

Aufforderungen kannst du verschieden ausdrücken:

- als Aussage: Ich möchte, dass du mich in Ruhe lässt.
- als Frage: Lässt du mich bitte in Ruhe?
- als Ausruf: Lass mich endlich in Ruhe!

Wenn du einzelne Wörter im Satz beim Sprechen betonst, ändert sich der Sinn:
Wer möchte Saft? –
Ich möchte Saft.
Möchtest du **Saft** oder **Tee**? –
Ich möchte **Saft**.

1 Viele Ausrufesätze bestehen nur aus einem Wort.
Schreibt sie in Sprechblasen und stellt ein Plakat zusammen.

2 An vielen Orten kannst du schriftliche Aufforderungen entdecken. Erfinde selbst welche.

Info

Willst du noch mehr wissen?
Satzzeichen beeinflussen die „Satzmelodie“.
Versucht einmal, beim Lesen bewusst darauf zu achten.

Richtig schreiben

Entschuldigung bitte …?

Können Sie …

Kannst du …

Wissen Sie …

Weißt du …

?

1 Was sagen oder fragen die Kinder?
Probiert verschiedene Möglichkeiten aus.

2 Worin unterscheiden sich die Fragen, wenn ihr Kinder oder Erwachsene ansprecht? Spielt die Situationen nach und vergleicht.

Wenn du Erwachsene mit „Sie“ ansprichst, verwendest du Höflichkeitspronomen:
Sie, Ihnen, Ihr, Ihre …

Am Telefon

3 Luis ruft seinen Freund Moritz Winkler an.
Spielt das Telefongespräch nach.

Hallo, Moritz!
Ich bin’s, Luis.
Wir treffen uns um 15.00 Uhr
am Schwimmbad.
Ich habe gestern meine
Sporttasche bei euch vergessen.
Kannst du sie mitbringen?
Es wäre auch gut, wenn du euer
Federballspiel mitnimmst.
Kann dein Vater uns abends
vom Judo abholen?
Prima, also bis nachher!

4 Moritz ist nicht zu Hause.
Luis spricht mit
Herrn Winkler.
Was würde er jetzt sagen?

Aus Nachbarn werden Freunde

Jedes Jahr in der letzten Woche im Mai feiern die Menschen an vielen Orten Europas zusammen mit ihren Nachbarn den Nachbarschaftstag mit einem kleinen Straßenfest.

1 Überlegt gemeinsam, was ihr vorbereiten würdet, um ein tolles Fest zu organisieren.

Das Fest der Nachbarn

Wer?

Liebe Nachbarn!

Wann?

Warum?

Wo?

Was ist mitzubringen?

Wir möchten ■ herzlich zum Nachbarschaftsfest am nächsten Freitag ab 18.00 Uhr in unserer Straße einladen. Feiern ■ mit uns und lernen ■■ Nachbarn besser kennen. Bringen ■ Tische und Stühle, Getränke nach ■ Geschmack und eine Kleinigkeit zu essen mit. Spielt jemand aus ■ Familie gerne ein Instrument oder haben ■ andere tolle Ideen für ein Programm? Super! Es genügt aber auch, wenn ■ einfach nur gute Laune mitbringen!

Bis bald!
■ Nachbarn

2 Schreibe die Einladung ab. Setze dabei die passenden Höflichkeitspronomen ein und markiere sie farbig.

Die Höflichkeitspronomen schreibst du immer groß.

3 Welche Wörter ändern sich, wenn du diese Einladung an Freunde schreiben würdest?

4 Wie könnte euer Plakat für ein Nachbarschaftsfest aussehen? Anregungen findet ihr unter:
www.european-neighbours-day.com (► DE)

Verschiedene Berufe

1 Welche Berufe kennst du?
Erkläre, was die Menschen in diesen Berufen tun.

2 Welche der Berufe gibt es heute nicht mehr?
Warum könnte das so sein?

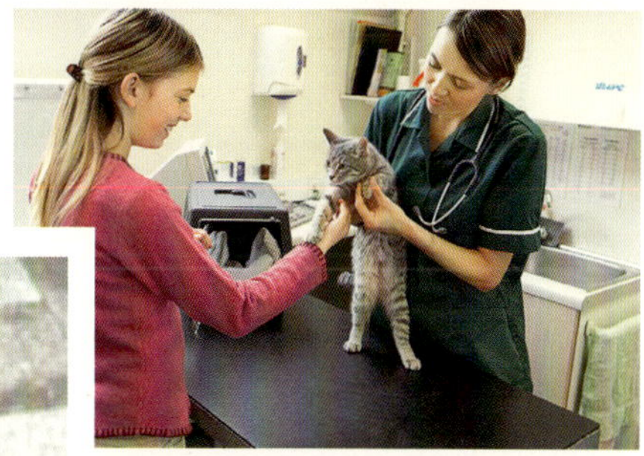

3 Informiere dich, was einer dieser Handwerker tut oder früher tat.
Suche im Internet, im Lexikon oder in Sachbüchern.
Frage auch Eltern und Großeltern.

Seiler Sattler Bader Tuchmacher
Wagner Gerber Küfer Turmwächter

4 Ihr könnt eine Expertenmappe zum Thema „Berufe früher“ anlegen.

Arbeit früher – Arbeit heute

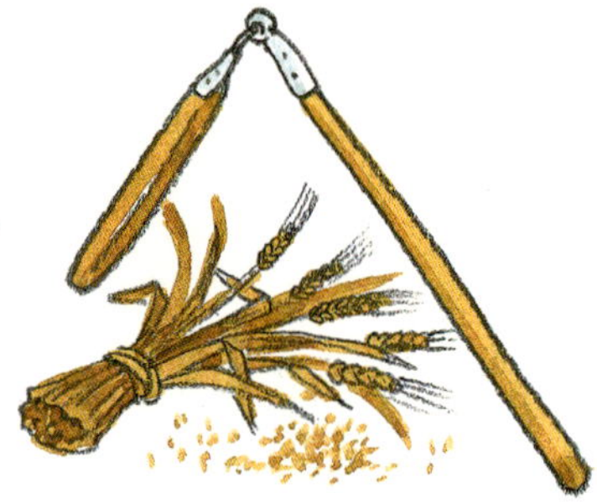

Früher gab es für die Arbeit auf dem Feld kaum Maschinen. Viele Menschen arbeiteten zusammen. Heute erleichtern uns Maschinen die Arbeit. Der Bauer mähte das Getreide mit der Sense. Heute erntet man es mit dem Mähdrescher. Mit Dreschflegeln schlug man die Körner aus den Ähren. Heute erledigt das eine Maschine. Ochsen zogen den Pflug über das Feld. Heute macht man das mit dem Traktor.

1 Schreibe nur die Sätze auf, die dir sagen, wie es früher war. Unterstreiche die Verben farbig.

Verben können in verschiedenen Zeitformen stehen.

Wenn etwas schon geschehen ist, steht das Verb in der Vergangenheit.

Wenn jetzt etwas geschieht, steht das Verb in der Gegenwart.

2 Welche Maschinen und Geräte gab es früher noch nicht? Überlegt: Wie haben die Menschen das früher gemacht? Schreibt eure Ergebnisse auf oder malt sie.

Waschzuber

Waschmaschine

sein · er zog · ihr ruft · ich bin

laufen · springen · du liefst · sie sprang

du läufst · er zieht · rufen · ziehen

ihr rieft · ich war · sie springt

3 Welche Verbformen gehören zusammen?
Trage sie richtig in die Tabelle ein.

Grundform	Gegenwart (heute)	Vergangenheit (früher)
sein	ich bin	ich war
laufen		

4 Im Mittelalter gab es Berufe, die wir heute kaum mehr kennen.
Setze den Text in die Vergangenheit.

Der Kerzenzieher **zieht** die Kerzen. Der Müller **mahlt** das Korn in der Mühle. Der Turmwächter **läutet** die Sturmglocke. Der Korbmacher **macht** Körbe. Der Bader **rasiert** die Männer. Der Schreiber **schreibt** Bücher mit der Hand. Der Köhler **stellt** Holzkohle her. Der Blaufärber **färbt** Wolltücher. Der Hutmacher **formt** Hüte.

5 Bilde die Vergangenheitsform der Verben.
Gestern (besuchen) wir einen Schmied in seiner Werkstatt. Er (erzählen) uns, dass es im Mittelalter auf fast jeder Burg einen Schmied (geben). Er (reparieren) Pflüge und (schmieden) Waffen. Der Schmied (zeigen) uns seine Arbeit. Wir (beobachten), wie er zuerst das Eisen über dem Feuer (erhitzen). Dann (schlagen) er mit dem Hammer auf das heiße Eisen und (formen) es. Der Besuch (sein) sehr interessant.

6 Schreibe den Text vollständig auf.

AH S. 26, 27

Der Wort-Back-Automat

Diese Maschine erleichtert die Arbeit.

1 Schreibe alle Wörter auf, die man mit der Maschine bilden kann. Was haben sie gemeinsam?

2 Suche weitere Wörter, die dazupassen.

3 Sammelt alle Wörter mit dem Wortstamm BACK/BÄCK. Unterstreicht den Wortstamm.

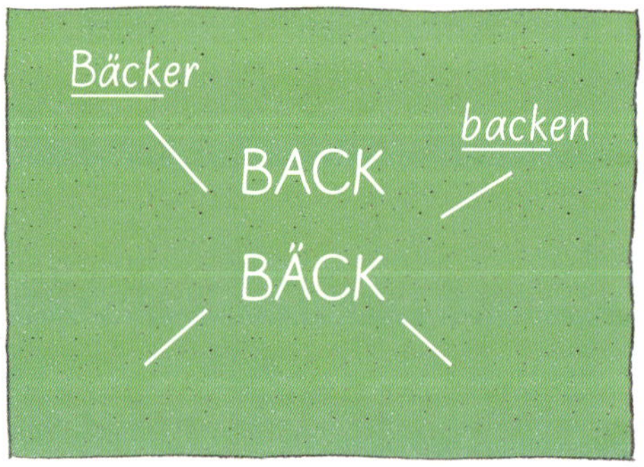

Wortfamilien

1 Welche Wörter gehören zu einer Familie?
Schau dir die Wortstämme genau an.
Schreibe alle Wörter, die zusammengehören, gemeinsam auf.

nähen	Maler	Päckchen	Abnäher
genäht	packen	bemalt	verpackt
Malkasten	malerisch	Naht	malen
Nähmaschine	Verpackung	Gemälde	Gepäck

2 Untersteiche die Wortstämme im Heft.

3 Bildet Wortfamilien zu diesen Wörtern.
ruhen glühen erschrecken drucken
Sammelt die Wörter so:

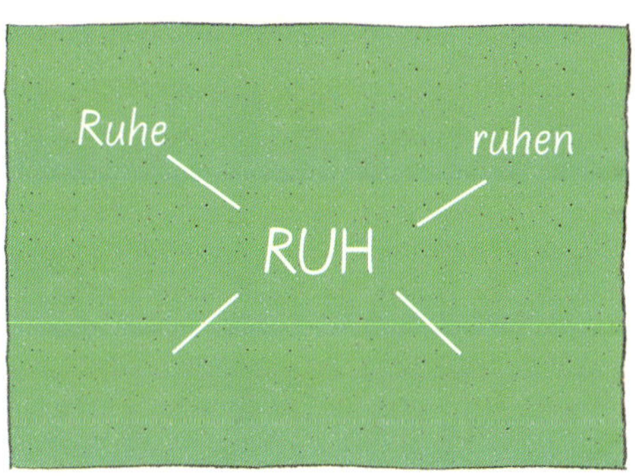

Wörter mit dem gleichen Wortstamm gehören zu einer Wortfamilie.

AH S. 28

Gut zu wissen

Verben in der Vergangenheit

Verben kannst du in verschiedenen Zeitformen verwenden.

Manchmal ändert sich der Wortstamm in der Vergangenheit:
ich ziehe – ich zog.

Wenn etwas jetzt geschieht, schreibst du das Verb in der Gegenwart.
Wenn etwas bereits geschehen ist, schreibst du das Verb in der Vergangenheit:
ich fühle – ich fühlte,
du lernst – du lerntest,
er arbeitet – er arbeitete.

1 Schreibe die Verben ab. Kreise den Wortstamm ein und färbe die Endung gelb: sagte, …

sagte	stolperte	folgte	murmelte
kreischte	weinte	schaute	kletterte

Was fällt dir auf? Wie wird die Vergangenheit hier gebildet?

2 Nicht bei allen Verben wird die Vergangenheit so gebildet.
Suche die Grundform und sortiere:

gleicher Wortstamm	*veränderter Wortstamm*
fragte – fragen	*half – helfen*

half, fragte, rief, jammerte, schrie, riet, sagte, überlegte, flüsterte, lief, goss, meinte

Menschen arbeiten in verschiedenen Berufen

Fips ist als Reporter unterwegs.
Er informiert sich über verschiedene Berufe.

1 Wie könnten die Fragen von Fips genau lauten?
Sammle Fragen für ein Interview zu einem Beruf, der dich interessiert.

2 Was ist wichtig, wenn man ein Interview führt?
Wählt aus und begründet.

Fragen überlegen	sich bedanken
leise sprechen	Lied singen
sich verabschieden	höflich sprechen
begrüßen	undeutlich sprechen
Kaugummi kauen	lässig dastehen

3 Führe mit Menschen ein Interview über ihren Beruf.
Nutze deine Fragensammlung.
Finde eine Möglichkeit, die Antworten festzuhalten.

Wir berichten über Berufe

Sandras Onkel ist Tierpfleger. Sie hat sich bei ihm über seinen Beruf erkundigt und die Informationen in einem Ideen-Netz zusammengefasst.

Tierpfleger

- Arbeit im Tierheim/Zoo, beim Tierarzt oder in der Tierklinik
- Betreut Haus-, Zoo- und Versuchstiere, ist teilweise für Aufzucht zuständig
- Arbeitszeit ist abhängig davon, welche und wie viele Aufgaben erledigt werden müssen
- Ausbildung dauert 3 Jahre
- Verdient bis zu 1500 €

Dann hat Sandra einen Bericht geschrieben:

> *Der Tierpfleger*
> *Der Tierpfleger arbeitet im Zoo, im Tierheim oder in der Tierarztpraxis. Der Tierpfleger arbeitet mit Tieren zusammen. Der Tierpfleger muss die Tiere füttern und sich um kranke Tiere kümmern. Und der Tierpfleger muss die Behausungen säubern. Die Ausbildung dauert drei Jahre. Der Tierpfleger kann bis zu 1500 € im Monat verdienen. Der Tierpfleger arbeitet oft am Wochenende, weil die Tiere auch dann versorgt werden müssen.*

1 Besprecht und überarbeitet Sandras Bericht.
Darauf müsst ihr besonders achten:
- Sind die einzelnen Sätze verständlich?
- Sind die Satzanfänge unterschiedlich?
- Werden Pronomen verwendet?
- Werden Wortwiederholungen vermieden?

tätig sein

sich beschäftigen

sich betätigen

2 Suche weitere Informationen zu diesem Beruf.

3 Schreibe den verbesserten Bericht auf.

4 Entwirf selbst ein Ideen-Netz zu einem Beruf, den du wichtig findest. Informiere dich vorher darüber.

5 Schreibe einen Bericht über den Beruf. Nutze dein Ideen-Netz. Die Wörter aus der Wortschatzkiste können dir beim Schreiben helfen.

Arzt	Ärztin	Beruf	impfen
interessant	Lärm	Lehrer	Lehrerin
Päckchen	Technik	Unterricht	kennen
dreckig	Geschäft	Lohn	

6 Stelle deiner Klasse den Beruf vor. Was wäre, wenn es diesen Beruf nicht gäbe?

7 Gestaltet eine Wandzeitung zum Thema Berufe. Ihr könnt auch den Computer verwenden.

8 Erfindet Rätsel zu verschiedenen Berufen. Einer liest das Rätsel Schritt für Schritt vor, die anderen müssen raten. Wer errät den Beruf am schnellsten?

1. Tipp: Er/Sie hat oft mit Wasser zu tun.
2. Tipp: Er/Sie hilft auch Tieren in Not und bei Unfällen.
3. Tipp: Er/Sie löscht Brände.

Feuerwehrmann

1. Tipp: Er/Sie trägt oft einen Kittel.
2. Tipp: Er/Sie hat mit Farben zu tun.
3. Tipp: Er/Sie streicht Wände und Mauern.

Maler

1. Tipp: Er/Sie trägt meist eine Uniform.
2. Tipp: Er/Sie ist viel in der Luft.
3. Tipp: Er/Sie reist viel durch die Welt.
4. Tipp: Er/Sie steuert ein Flugzeug.

Pilot

Richtig schreiben

Wörter mit ck

Der dicke Bäcker Nick liegt noch verschlafen in seinem Bett. Plötzlich klingelt sein Wecker. Erschrocken reibt er sich die Augen: „Oh Schreck, schon so spät?“, denkt er, als er auf die Uhr blickt. Schnell schlüpft er unter der Decke hervor und setzt sich an den Frühstückstisch. „Mein Stück Torte schmeckt heute besonders lecker!“, sagt er zu sich, während er schon seine Bäckermütze in die Tasche packt. Er drückt noch schnell die Haustür zu und macht sich auf den Weg in die Bäckerei. Zum Glück kommt er noch rechtzeitig an, um frische Zuckerschnecken zu backen.

1 Suche alle Wörter mit ck aus dem Text heraus. Schreibe sie geordnet nach Nomen, Verben und Adjektiven auf.

2 Markiere den Selbstlaut oder Umlaut vor dem ck farbig. Klingt er kurz oder lang? Was fällt dir beim Sprechen auf?

Vor ck sprichst du den Selbstlaut oder Umlaut kurz.

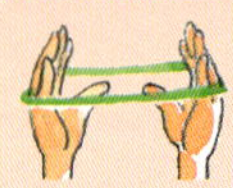

3 Trenne alle mehrsilbigen Wörter mit ck, die du im Text gefunden hast: *Bä-cker, We-cker, …*

4 k oder ck? Setze ein und schreibe in dein Heft. Überprüfe mit dem Wörterbuch.

dru…en	Bettla…en	dre…ig	qua…en	We…er	E…el
ba…en	Ha…en	Lu…e	Brü…e	E…e	Kra…e

5 Erfinde eine Geschichte, in der möglichst viele ck-Wörter vorkommen.

AH S. 29

Mach das h hörbar!

1 Bilde die Grundform und schreibe in Silben auf: *es blüht – blü-hen, ...*

es blüht | er flieht | er dreht | sie zieht
es geschieht | sie mäht | er näht
sie leiht | er kräht | sie sieht

2 Verlängere und trenne in Silben.

roh Reh Schuh nah früh
Kuh froh Floh Zeh

Bei manchen Wörtern mit h kannst du das h hörbar machen: Verlängere und sprich in Silben.

Schreibe so: *roh – das ro-he Gemüse, das Reh – die ...*

3 Bei welchen dieser Wörter kannst du das h hörbar machen? Beweise, indem du verlängerst und in Silben sprichst.

er dreht	ihr dehnt	Sahne	Schuh	Draht	Reh
du ruhst	sie glüht	es fährt	nah	Fahne	

Das Traumland Farbtasia

Im Traum bereist Tim das Land Farbtasia …

1 Was kann Tim alles in Farbtasia entdecken? Erzählt.

2 Wie sieht dein Traumland aus? Beschreibe es.

3 Erzähle deinem Partner von deinem Traumland.

Mein Traumland

In meinem Traumland …

Tims Reise nach Farbtasia

Tim schreibt in seinem Tagebuch auf, was er im Traum erlebt hat.

Plötzlich fuhr ich mit einem großen Heißluftballon hoch in den Himmel, bis ich in den Wolken ankam.
So reiste ich viele Stunden weiter.
Dann sank der Ballon und ich entdeckte ein buntes Land, in dem viele verrückte Wesen tobten und spielten …

1 Stell dir vor, du bist Tim.
Wie könnte die Geschichte weitergehen?
Tausche dich mit deinem Partner aus.

2 Schreibe deine Geschichte auf.

Tim trifft seinen Freund und erzählt:

Endlich ist der Ballon gelandet. Ich bin ausgestiegen und habe eine Entdeckungstour gemacht. Dabei ist mir ein ungewöhnliches Wesen über den Weg gelaufen …

In sein Tagebuch schreibt Tim:

Endlich landete der Ballon. Ich stieg aus und machte eine Entdeckungstour.
Dabei lief mir ein ungewöhnliches Wesen über den Weg …

3 Vergleicht Tims Erzählung mit dem Tagebucheintrag.

… ist gelandet – landete, habe gemacht – machte … Was ist mit den Verben passiert?

4 Sortiere die Verben aus Tims Sprechblase und seinem Tagebuch in die Tabelle ein.

zusammengesetzte Vergangenheit	*einfache Vergangenheit*
ist gelandet	*landete*

Wenn du erzählst, was passiert ist, verwendest du die zusammengesetzte Vergangenheit. Wenn du es aufschreibst, verwendest du die einfache Vergangenheit.

5 Welche drei Formen gehören immer zusammen?
Schreibe so: *es steigt, es stieg, es …*

es stieg | ich traf | es steigt | er ist geflossen
sie hat getobt | es ist gestiegen | er floss | sie tobte
ich habe getroffen | er fließt | sie tobt | ich treffe

6 Bilde mit den Verbformen Sätze.

7 Ordne die Vergangenheitsformen in die Tabelle ein:

zusammengesetzte Vergangenheit	*einfache Vergangenheit*
es ist gestiegen	*es stieg*

Die zusammengesetzte Vergangenheit bildest du aus zwei Teilen:
Ich habe ein buntes Haus gesehen.
Ich bin über eine Wiese gelaufen.

AH S. 31, 32

Das Wortfeld sagen

1 Welche Wörter fallen euch für sagen ein?
Sucht möglichst viele andere Verben.

2 Sammle die Wörter und schreibe so:

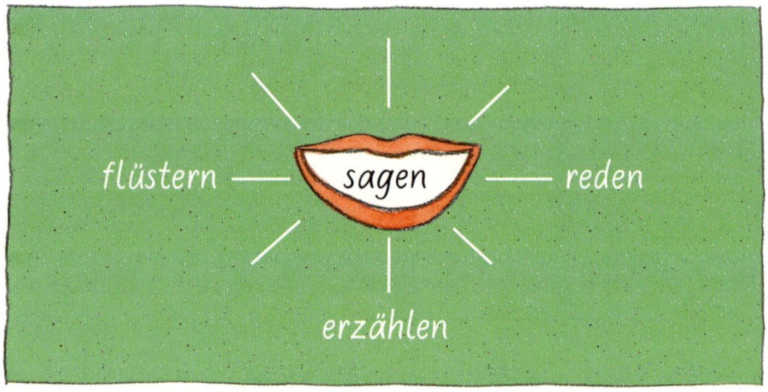

3 Man kann auf unterschiedliche Art sprechen.
Ordne passende Begriffe aus dem Wortfeld in die Tabelle ein.

etwas laut sagen	etwas leise sagen	etwas fröhlich sagen	etwas traurig sagen
schreien			

4 Finde zu jeder Spalte deiner Tabelle einen Beispielsatz.

Wörter mit ähnlicher Bedeutung gehören zu einem Wortfeld.
Du kannst mit ihnen genau und abwechslungsreich beschreiben.
Das hilft dir, wenn du Geschichten schreibst.

AH S. 33

Die wörtliche Rede

1 Wie erkennt ihr, dass hier gesprochen wird?

2 Lest mit verteilten Rollen.

3 Überlegt: Woran erkennt ihr in einem Text, dass die Personen reden?

Blaulano sagt:
„Hey, lasst uns anfangen!“
Grünohr ruft: „...“

Doppelpunkt
Redezeichen

Blaulano sagt: „Hey, lasst uns anfangen!“

Redebegleitsatz — wörtliche Rede

4 Schreibe auf, was Blaulano und seine Freunde sagen.
Finde passende Redebegleitsätze.
Unterstreiche den Redebegleitsatz rot, die wörtliche Rede blau.

AH S. 34

Mein Traumland

1 Erinnerst du dich an dein Traumland?
Tauche noch einmal in dein Traumland ein.
Was könntest du dort Spannendes erleben? Erzähle.

> Mein Traumland
>
> In meinem Traumland ...

2 Erstelle ein Ideen-Netz für deine Geschichte.

3 Schreibe deine Geschichte auf.

Clown	erzählen	rennen	flüstern
gefährlich	beschreiben	erklären	treffen
Gewächs	fließen	Spaziergang	Traum
träumen	schließlich	geheim	

4 Besprecht und überarbeitet eure Geschichten.
Darauf müsst ihr besonders achten:

- Sind die einzelnen Sätze verständlich?
- Sind die Satzanfänge unterschiedlich?
- Macht die Überschrift neugierig?
- Kommt wörtliche Rede vor?

5 Heftet eure überarbeiteten Geschichten im Geschichtenbuch ab.

Erste Hilfe für Farbtasianer

Beim Spielen wurde Gelbfuß vom neuen Superfix getroffen.

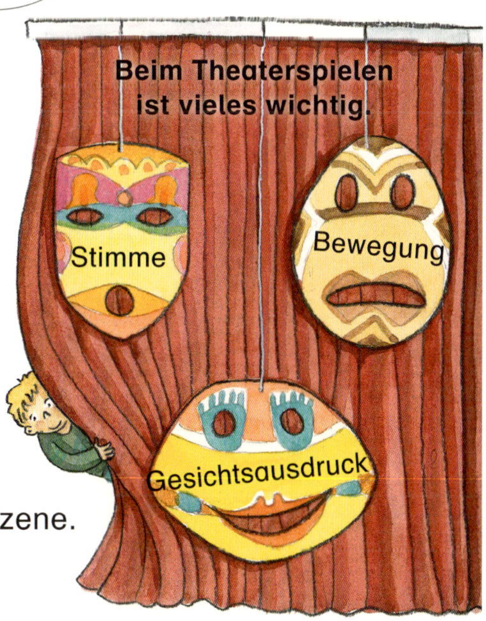

1 Was passiert auf dem Bild? Tauscht euch aus.

2 Sucht verschiedene Möglichkeiten, um Gelbfuß zu helfen, und spielt die Situation nach.

3 Findet passende Geräusche für die Szene. Wie könnt ihr euch verkleiden?

Gut zu wissen

Einfache und zusammengesetzte Vergangenheit – wörtliche Rede

Wenn du erzählst, was passiert ist, verwendest du die zusammengesetzte Vergangenheit:
Ich habe meine Oma besucht.

Wenn du es aufschreibst, verwendest du die einfache Vergangenheit:
Ich besuchte meine Oma.

Die zusammengesetzte Vergangenheit bildest du aus zwei Teilen:
Ich habe dich gesehen.
Ich bin über eine Wiese gelaufen.

Redezeichen „ “ vor und nach einer wörtlichen Rede zeigen dir, dass jemand spricht.

Der Begleitsatz vor der wörtlichen Rede sagt dir, wer gerade spricht. Dahinter steht ein Doppelpunkt : .
Anne sagt : „ Komm mit! “

Der Redebegleitsatz verrät dir auch, wie etwas gesagt wird.
Anne sagt/flüstert/schreit: „…“

1 Achtung, für die zusammengesetzte Vergangenheit brauchst du alle Formen von haben und sein:

ich	sehen	wir
du		ihr
er, sie, es	laufen	sie

Schreibe so: *ich habe gesehen, du …*
ich bin gelaufen, du …

2 Suche in jeder Zeile den Redebegleitsatz. Was stellst du fest?

„In Farbtasia hat man vor weißen Dingen Angst“, flüsterte er.
Er flüsterte: „In Farbtasia hat man vor weißen Dingen Angst.“
„In Farbtasia“, flüsterte er, „hat man vor weißen Dingen Angst.“

Tim erzählt von seinem Traum

Am Abend telefoniert Tim mit seinem Freund Manuel und erzählt ihm von seinem Traum.

1 Lest das Gespräch mit verteilten Rollen vor.
Spielt mit eurer Stimme.

2 Schreibe das Gespräch mit Redebegleitsätzen auf.
Denke an Doppelpunkt und Redezeichen.
Unterstreiche gelb, was Tim spricht,
und grün, was Manuel sagt.

Deine Sammlung zum Wortfeld sagen hilft dir, abwechslungsreiche Begleitsätze zu finden.
→ Nutze dein Wortfeldsäckchen zur Seite 70.

Müllmenschen

*Die Erde gehört nicht den Menschen,
der Mensch gehört zur Erde.*

Sitting Bull, Häuptling der Sioux

Der deutsche Künstler Hans-Jürgen Schult, der sich selbst HA Schult nennt, möchte die Menschen mit seiner Kunst zum Nachdenken bringen.

1996 baute er seinen ersten Müllmenschen aus Dosen, Kanistern, Computerschrott und anderem Abfall. In den folgenden Jahren schuf er mit seinem Team insgesamt 1000 Figuren, mit denen er sich dann auf eine Reise rund um die Welt machte.

Er stellte seine Müllmenschen an den unterschiedlichsten Orten auf: zum Beispiel in der Wüste Ägyptens bei den Pyramiden von Giseh, in der Schweiz auf 2800 Metern Höhe am Matterhorn oder auf dem Platz vor dem Kölner Dom. Auch in der Arktis waren die Müllmenschen schon.

HA Schult war der erste europäische Künstler, der die Umweltzerstörung durch den Menschen zum Hauptthema seiner Kunst gemacht hat. Seine Müllmenschen sind weltweit bekannt.

1 Welche Gedanken habt ihr, wenn ihr euch die Fotos anschaut?

2 Könnt ihr euch vorstellen, was der Künstler ausdrücken will? Lest dazu auch den Spruch des Indianerhäuptlings (Seite 76).

3 Erfinde passende Titel zu den Bildern.

4 Wo würdest du einen Müllmenschen aufstellen? Gestalte deine Idee als Collage.

5 Unter www.haschult.de könnt ihr mehr über die Projekte des Künstlers erfahren.

Energie sinnvoll einsetzen

Weißt du, woher wir den Strom bekommen, den wir täglich verbrauchen? Einen großen Anteil erhalten wir aus Heizkraftwerken. Auch in Atomkraftwerken kann man riesige Mengen von Strom herstellen. Den größten Energievorrat besitzen wir auf der Erde jedoch mit Sonne, Wind und Wasser. Wir bezeichnen sie auch als alternative Energien. Mit Sonnenkollektoren, Windrädern und Turbinen kann man ihre natürliche Energie in umweltfreundlichen Strom umwandeln. Du kannst dir sicher vorstellen, dass das nicht billig ist. Deshalb erkennen auch immer mehr Menschen, dass es wichtig ist, zu überlegen, wie man Energie einsparen kann.

1 Wisst ihr noch mehr über unsere Energieversorgung? Lest den Text und berichtet.

2 Stellt euch vor, einen Tag und eine Nacht lang würde der Strom ausfallen. Was wäre für euch am schlimmsten?

3 Aus welchen Wortbausteinen sind die unterstrichenen Verben zusammengesetzt? Schreibe so: *bekommen, verbrauchen, ...*

4 kommen – bekommen   brauchen – verbrauchen

Was passiert, wenn vorne ein Wortbaustein dazukommt?
Tipp: Vergleiche, was die Verben eines Paares jeweils bedeuten.

Wortbausteine, wie z. B. her-, vor-, be- oder ab-, kannst du vor andere Wörter stellen. Man nennt sie auch Vorsilben. Du bildest dadurch neue Wörter mit anderen Bedeutungen.

Ideen für die Umwelt **um**setzen

1 Welche Wortbausteine passen zu welchem Verb?
Bilde möglichst viele Wörter und markiere die Vorsilben:
schalten: anschalten, ...

an- zu- um- ab-

aus- **schalten** **setzen** ein-

auf- ver- be- weg-

2 Hier fehlen die Vorsilben. Ergänze passend und markiere.

Beim Umweltschutz können alle ___machen!

Keinen Müll ___brennen!

Giftmüll richtig ___sorgen!

Umweltfreundliche Produkte ___kaufen!

Keine brauchbaren Dinge ___werfen!

Wenn alle ___denken, können wir die Natur ___halten!

3 Was kannst du tun, um Energie zu sparen?
Finde zu den Verben passende Vorsilben und bilde Sätze:
Ich kann unnötiges Licht ausschalten.

schalten sparen meiden
nehmen nutzen
brauchen wenden schenken

4 Suche weitere Verben in der Wörterliste.
Mit welchen Vorsilben kannst du sie zusammensetzen?
Wie verändert sich ihre Bedeutung? Schreibe Sätze.

AH S. 37

Am Rande des ewigen Eises

Schon seit Monaten hatten sich Luis und Lilli auf die große Reise nach Grönland gefreut. Damit sich ihre Familie den Traumurlaub am Nordpol leisten konnte, hatten sie alle einstimmig in den letzten zwei Jahren auf Ferien im Ausland verzichtet. Heute waren sie im kleinen Ort Tasiilaq angekommen.

Fest eingepackt in dicke Daunenjacken und Moonboots, traten die Geschwister nach dem Abendessen neugierig vor das Hotel.
Fasziniert blickten sie in die ferne Eislandschaft. Plötzlich griff der zwölfjährige Junge nach der Hand seiner jüngeren Schwester. „Schau mal da!“, flüsterte er.

1 Was sehen die Geschwister?
Verfolge die Spuren.

2 Informiere dich über folgende Begriffe:

Inuit

Nordlicht

Polarfuchs

Wauhuu!

3 Was erleben Luis und Lilli?
Entscheidet euch und erzählt eine Geschichte.
Baut auch Geräusche ein.
Die Wörter aus der Eislandschaft können euch helfen.

jung
sich nähern treffen
vorsichtig

Husky laut
Tierspuren

Hundeschlitten freundlich
beobachten Inuit schneeweiß
entdecken Ferne

Fuchs

fahren
Gelächter

fröhlich   Englisch   mit Händen und Füßen reden
sich bewegen   neugierig   langsam   schnüffeln   Dunkelheit
Lärm   scheu   zusehen   gebannt   Erscheinung
zauberhaft   faszinierend   sich verändern
schweben

Sätze bauen und umstellen

1 Was entdecken Luis und seine Schwester?
Baue aus jedem Schlittenzug einen Satz.

2 Versucht, in jedem Satz die Satzbausteine umzustellen. Schreibt alle Ideen auf. Mit welchem Wort am Anfang gefällt euch der Satz am besten?

Aus der Ferne drang ...
Lautes Hundegebell drang ...
Drang aus der ...

3 Welche Satzart entsteht, wenn du das Verb an den Anfang stellst?

4 Stelle in jedem Satz die Wörter so um, dass er für dich besser klingt.

Luis und Lilli erblickten die Hundeschlitten Sekunden später.
Das Geschwisterpaar folgte neugierig der Spur im Schnee.
Die beiden Kinder beobachteten gebannt das wunderbare Schauspiel.

AH S. 38

Eine Geschichte fortsetzen

1 Übertrage den Anfang der Geschichte von Luis und Lilli auf Seite 80 in dein Heft.

2 Erinnere dich: Für welche Geschichtenspur hast du dich entschieden? Setze die Geschichte passend fort.

- Was soll der spannendste oder schönste Moment werden?
- Wähle treffende Wörter und erzähle ausführlich.
- Baue wörtliche Rede ein und nutze das Wortfeld sagen .
- Vermeide Wiederholungen.
- Lies die fertige Geschichte noch einmal durch.
- Welche Sätze kannst du durch Umstellen verbessern?

3 Besprecht eure Geschichten. Darauf müsst ihr besonders achten.

- Wurde an alle Punkte aus Aufgabe 2 gedacht?
- Sind die einzelnen Sätze verständlich?
- Sind die Satzanfänge unterschiedlich?

4 Erzähle deinem Partner eine eigene Fortsetzungsgeschichte.

blitzen stürmisch Gewitter donnern kratzen
Schutz strömen Müll nützlich
spitz vergessen Verschmutzung vorsichtig

Feuerwehrübung

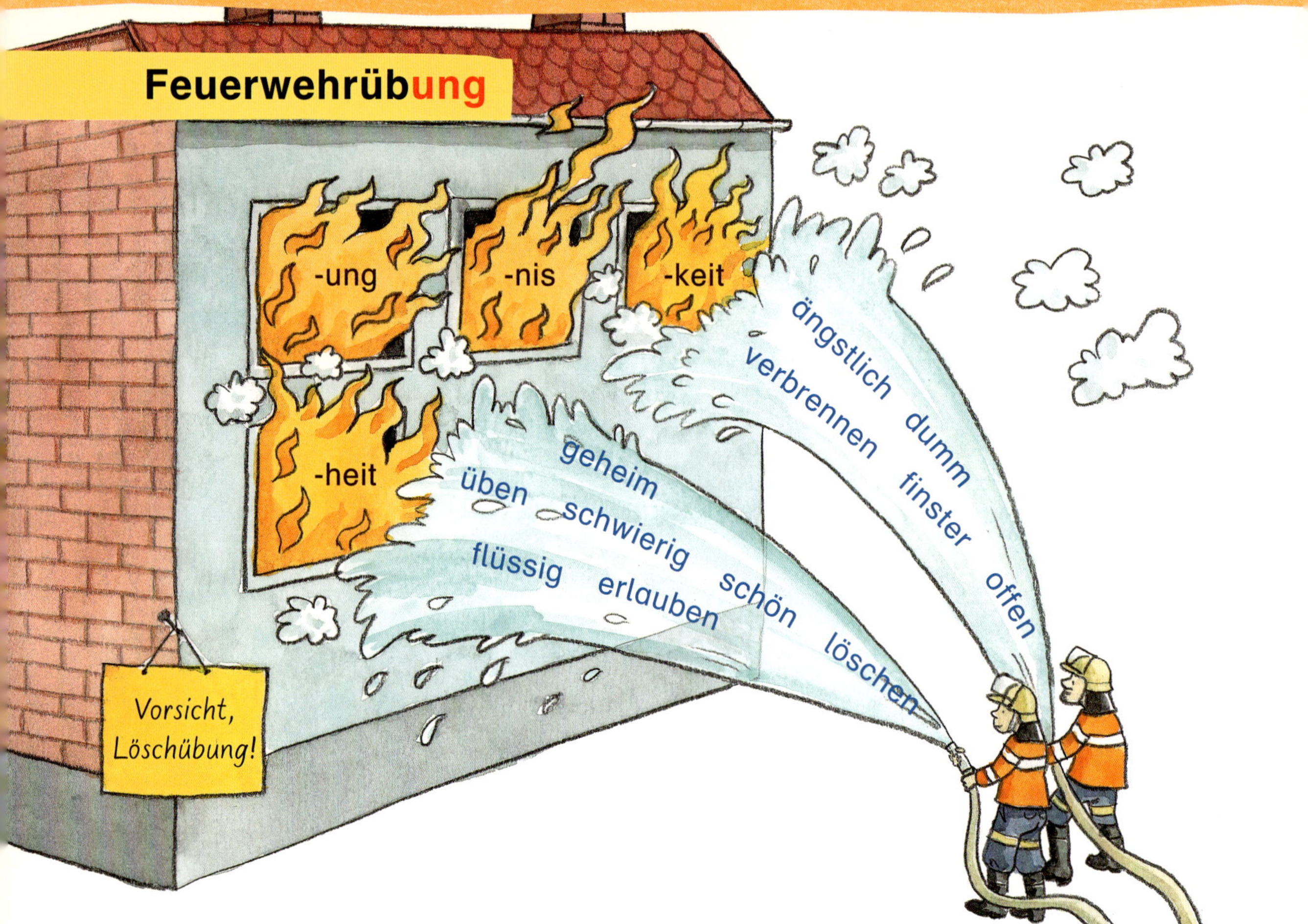

1 Lest die einzelnen Wörter in den Wasserstrahlen und bestimmt ihre Wortart.

2 Fügt die Wörter mit den passenden Wortbausteinen zusammen. Zu welcher Wortart gehören alle neu gebildeten Wörter?

3 Schreibe die Wortpaare auf. Achte auf die Groß- und Kleinschreibung und markiere die angefügten Wortbausteine: *üben – die Übung, …*

Die Wortbausteine -ung, -heit, -keit und -nis kannst du an andere Wörter hinten anfügen. Man nennt sie auch Nachsilben. Du machst dadurch aus Verben und Adjektiven Nomen.

Eine Führung bei der Feuerwehr

Heute macht die Klasse 3b eine **Führung** bei der Feuerwehr. Der Dienststellenleiter zeigt ihnen alles und antwortet auf ihre Fragen. Von ihm erfahren sie so manche interessante **Einzelheit** über die **Ausrüstung** der Feuerwehrleute. Er erklärt ihnen auch, was passiert, wenn eine **Meldung** für einen Einsatz kommt. Besonders der Fahrer muss die **Fähigkeit** haben, Ruhe zu bewahren, denn oft geht es mit hoher **Geschwindigkeit** zum Einsatzort.
Für die gefährlichen Einsätze müssen alle Feuerwehrleute topfit und bei guter **Gesundheit** sein. Besonders schwierig ist die **Rettung** von Verletzten bei Großbränden und **Dunkelheit**.
Nun verstehen die Schüler, warum regelmäßige **Übung** in diesem Beruf so wichtig ist. Am Ende bekommen sie noch die **Erlaubnis**, mit dem großen Schlauch zu spritzen.
Ein Besuch bei der Feuerwehr ist ein tolles **Erlebnis**.

1 Suche zu allen Nomen mit Nachsilben die passenden Verben oder Adjektive. Schreibe so:
die Führung – führen, …

2 Hier sind die Wortbausteine durcheinandergeraten.
Setze sie richtig zusammen: *die Entdeckung, …*

Entdeck | keit | Süßig | ung | Frech | nis | Erleb | ung
Wahr | nis | Heiz | keit | Verzeich | heit | Frei | nis
Ehrlich | ung | Impf | heit | Kennt | keit | Empfindlich | heit

3 Sucht im Wörterbuch weitere Nomen mit Nachsilben.
Schreibt sie einzeln auf kleine Kärtchen und schneidet dann die Nachsilben ab.
Nun habt ihr ein Wortbaustein-Puzzle.

AH S. 39

Wortbausteine

Wortbausteine, wie z. B. her-, vor-, be- oder ab-, kannst du vor andere Wörter stellen. Man nennt sie auch Vorsilben.

Die Wortbausteine -ung, -heit, -keit und -nis kannst du an andere Wörter hinten anfügen. Man nennt sie auch Nachsilben.

Mit Vorsilben kannst du die Bedeutung eines Wortes verändern.

stellen:
herstellen, vorstellen, bestellen, abstellen …

Mit den Wortbausteinen -ung, -heit, -keit und -nis veränderst du die Wortart: Aus Verben und Adjektiven werden Nomen.

bewegen: die Bewegung,
erleben: das Erlebnis

gesund: die Gesundheit,
übel: die Übelkeit,
wild: die Wildnis

Info

Willst du noch mehr wissen?
Man kann auch neue Wörter bilden, indem man eine Vorsilbe und eine Nachsilbe anhängt.
richtig – aufrichtig – die Aufrichtigkeit
leiten – umleiten – die Umleitung
fähig – unfähig – die Unfähigkeit

1 Finde mit der Wörterliste oder dem Wörterbuch noch mehr Beispiele.

2 Setze die Vorsilbe Un- vor die Nomen.
Wie verändert sich ihre Bedeutung?

	Wetter	Sinn	
Un-	Tiefe	Geduld	Dank
	Glück	Lust	

Nicht vergessen: Vorsilben mit v

1 Bilde neue Verben und markiere die Vorsilben.
Schreibe so: *verbrennen, …*

ver-	brennen	führen	brauchen
vor-	rechnen	packen	arbeiten
	sprechen	bieten	ziehen
	kaufen	schenken	schieben

2 Hier sind die Wortbausteine durcheinandergeraten. Wenn du sie richtig zusammensetzt, findest du neun Nomen. Tipp: Einige sind für Umweltschützer wichtig!

antwort, Ver, fahrt, ung, Ver, sicht, ung, brauch, Ver, Ver, ung, brenn, ung, Ver, Vor, pack, Vor, schmutz

3 Suche Wörter, die mit Ver-/ver- und Vor-/vor- zusammengesetzt sind.
Schreibe damit Sätze: *Neulich habe ich mich beim Vorlesen verlesen.*

4 Sammelt selbst Wörter mit v. Schaut auch in Bücher oder Zeitungen.
Schreibt sie auf ein Plakat und markiert die schwierige Stelle.

AH S. 40

Warum nicht einfach die Sonne nutzen?

Viele Bürger fordern klare Gesetze, um unsere Umwelt zu schützen. Umweltfreundliche Energien können dazu beitragen, die Umweltverschmutzung zu verringern. Durch die Nutzung der Sonnenenergie wird kein Schmutz freigesetzt. Außerdem ist Sonnenhitze unbegrenzt verfügbar. Immer mehr Menschen platzieren deshalb auf ihren Hausdächern Sonnenkollektoren, um damit ihr Wasser zu erhitzen.
Mit Solarzellen lassen sich Licht und Wärme direkt in elektrischen Strom umwandeln, der ins Stromnetz eingespeist wird.
Auch Blitze strotzen nur so vor Energie.
Trotzdem können wir sie nicht nutzen, weil wir diese Entladungen zeitlich nicht vorhersagen können.

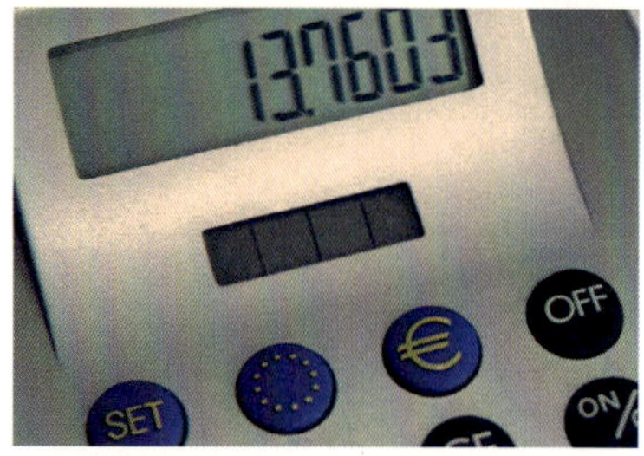

1 Ordne alle Wörter mit tz in einer Tabelle.
Sortiere so:

Nomen	Verben	andere Wörter
Gesetze	schützen	

2 Sprich die Wörter deutlich. Höre genau auf den Selbstlaut oder Umlaut vor dem tz. Notiere eine Regel unter deiner Tabelle.

3 Schreibe die Wörter zu den Bildern richtig auf.
Nutze die Regel.

Vor einem tz sprichst du den Selbstlaut oder Umlaut kurz.

Wörter mit tz üben

1 z oder tz? Höre auf den Laut davor.
Schreibe die Wörter richtig in dein Heft.
Kontrolliere mit dem Wörterbuch.

Bre🐾el	nü🐾lich	Schu🐾	le🐾ter	Kreu🐾fahrt
Wi🐾	Verle🐾ung	spi🐾	Noti🐾	Gei🐾kragen
Gla🐾e	Hei🐾ung	Spa🐾	Kapu🐾e	Schnau🐾bart

2 Schreibe die lustigen Sätze
in Silben getrennt auf.
Trenne die mehrsilbigen Wörter mit tz
zwischen t und z.

Schmutzige Spatzen mit Pudelmützen spritzen lustig in den Pfützen.
Kratzende Katzen putzen schmatzend ihre Krallen an den Tatzen.
In den Netzen blitzen Schätze ganz zur Freude der Besitzer.
Fröhliche Nichtsnutze sitzen schwitzend in der Hitze und machen ohne Hetze viele Witze.

Schreibe so: *Schmut-zi-ge Spat-zen mit Pu-del-müt-zen …*

3 Erfindet selbst lustige Sätze mit tz-Wörtern. Schreibt sie auf.

4 Findet fünf Wörter mit zz in der Wörterliste. Sucht bei B, J, M, P und S. Klärt, was sie bedeuten.

Sammelt sie auf einem Plakat.

AH S. 41

Ein Parcours für unsere Sinne

1 Die Kinder testen ihre Sinne.
Was kann man an den einzelnen Stationen tun?

2 Warum nennt man die Stationen „Sinnesparcours“?

3 Lege im Heft eine Tabelle an:

	Sinn	Sinnesorgan	Das kann ich wahrnehmen		
1	hören	Ohr	Musik	Stimmen	Lärm
2					

4 Beschreibe die Stationen in deinem Heft.
Welche Sinne werden angesprochen?
Welche Körperteile werden dabei benutzt?

Wir planen einen Sinnesparcours

1 Überlegt, wer von euch welche Station planen soll.
Bildet Gruppen.

2 Was benötigt ihr für eure Station? Macht Notizen.

3 Schreibt eine Anleitung. Achtet auf folgende Angaben:
- Wie heißt eure Station?
- Was soll überprüft werden?
- Wie wird der Versuch durchgeführt?
- Wie erfährt man die Lösung?

4 Stellt eure Anleitung den anderen Gruppen vor.
Ist der Text verständlich?

5 Ihr könnt euer Stationsschild auch am Computer schreiben. Achtet dabei auf eine gut lesbare Schriftgröße und einen großen Zeilenabstand.
Verwendet die Seite im Querformat.

6 Ladet andere Klassen zu eurem Sinnesparcours ein.
- Wen wollt ihr einladen?
- Was erwartet die Besucher?
- Wo und wann findet der Sinnesparcours statt?

Eklig oder herrlich?

Sinn, Brille, Blick, riechen, empfinden, schmecken

fühlen, blind, durstig, hungrig, ruhig, ängstlich

ehrlich, glücklich

1 -ig oder -lich? Trage die Wörter in die Tabelle ein.

schwier- glück- richt- gefähr- traur- ängst-

hungr- empfind- flüss- biss- schmutz- nütz-

fett-

-ig	-lich

2 Bilde Adjektive und setze sie passend ein.

Trauer, Glück, Hunger, Angst, Gefahr

eine ▬ Kreuzung
ein ▬ Kind
eine ▬ Maus
eine ▬ Frau
eine ▬ Katze

Mit den Nachsilben -ig und -lich kannst du aus Nomen Adjektive machen.

3 Schreibe Sätze mit den Wörtern aus Aufgabe 2 und markiere -ig und -lich in unterschiedlichen Farben.

4 Bilde aus weiteren Nomen Adjektive auf -ig oder -lich. Kontrolliere mit dem Wörterbuch.

AH S. 42

So kann man sich täuschen

1 Sind die beiden Bilder gleich?

2 Betrachte die Bilder und beschreibe, was du siehst.
Vergleiche mit deinem Partner.

3 Betrachte die Figuren und beantworte die Fragen in deinem Heft.

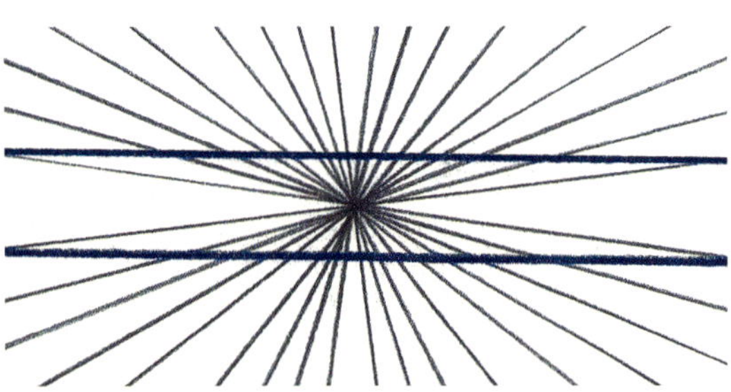

Laufen beide Linien parallel oder sind sie gebogen?

Sind die roten Kreise gleich groß?

Schau die Figuren von der Seite an. Du kannst auch ein Lineal benutzen und messen.

4 Ihr könnt eine Expertenmappe zu optischen Täuschungen anlegen.
www.tivi.de (► Suche ► Augentricks)

AH S. 43

Schrift kann viele Formen haben

Für Menschen, die nicht sehen können, wurde eine eigene Schrift entwickelt. Diese Blindenschrift hat Louis Braille (sprich: „Lui Brai“) erfunden. Sie heißt deshalb auch Braille-Schrift. Für jeden Buchstaben gibt es ein Sechserfeld, in dem man bestimmte Punkte ertasten kann.

Blinde Menschen können so mit ihren Händen sehr schnell lesen.

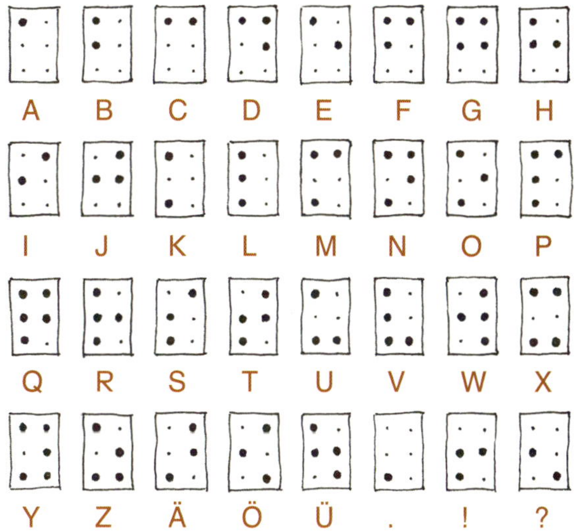

1 Was bedeuten diese Wörter?

2 Schreibe den folgenden Satz in deiner Schrift ins Heft:

3 Schreibe selbst ein Wort in Blindenschrift.

4 Tauscht eure Wörter aus. Könnt ihr sie lesen?

5 Schreibe einen kurzen Satz in Blindenschrift.

Bewegung ist gesund

1 Wie bewegen sich die Kinder auf dem Schulhof?
Benutze die Wörterliste oder dein Wörterbuch.

2 Schreibe die Verben aus dem Kasten mit

ich , du und ihr auf:

ich wandere, du wanderst, ihr wandert, …

wandern spazieren marschieren flitzen
schleichen schlendern rennen bummeln
humpeln kriechen laufen trödeln

3 Zeichne die Tabelle in dein Heft.
Ordne die Verben aus dem Kasten von Aufgabe 2 ein.

langsam gehen	*schnell gehen*
wandern	

4 Welche Wörter aus den Wortfeldern **lachen** und **essen** gehören in welches Tor? Ordne sie in einer Tabelle.

lachen	*essen*

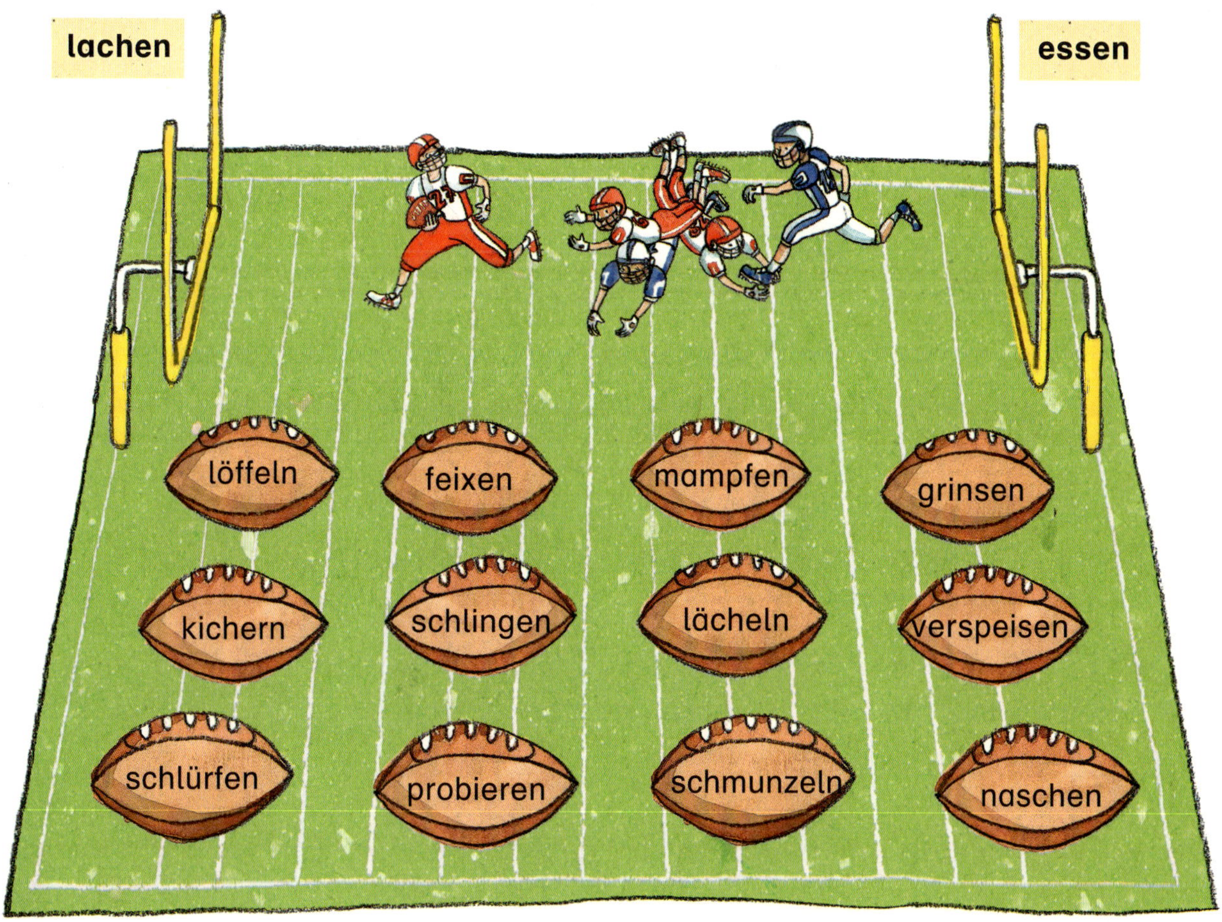

Erste Hilfe in der Pause

Tom spielt mit Murat und Lea Fangen. Beim Weglaufen stolpert er und fällt hin. „Mein Knie blutet“, jammert Tom. Lea und Murat kommen herbei und fragen: „Was können wir jetzt tun?“

1 Sammelt Vorschläge, was die Kinder tun können. Schreibt sie auf.

2 Wie könnt ihr den Verletzten beruhigen? Spielt eure Ideen vor.

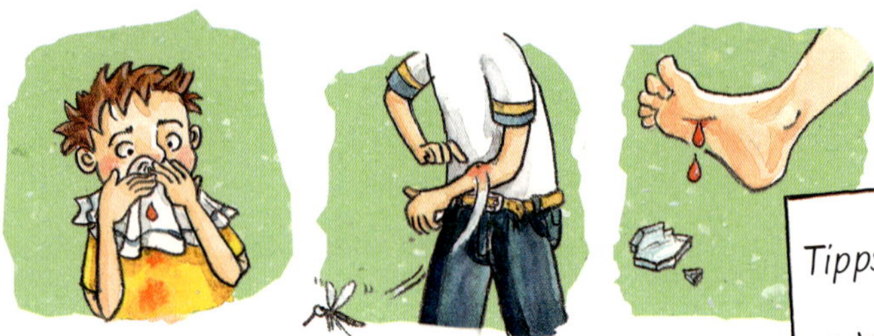

3 Habt ihr euch selbst schon einmal verletzt? Informiert euch bei Fachleuten, z. B. beim Deutschen Roten Kreuz, über das Thema „Erste Hilfe“. Stellt eure Fragen zusammen.

4 Ihr könnt eine Expertenmappe zum Thema „Erste Hilfe“ anlegen. Tipps und Informationen gibt es auch im Internet.

Verlängern hilft!

1 Sprich diese Nomen. Wie klingen sie am Ende?

Erinnerst du dich?
Hörst du den Endlaut nicht genau, verlängerst du das Wort ganz schlau!

2 Bilde die Mehrzahl und markiere die schwierigen Stellen.
Schreibe so: *die Fabriken – die Fabrik, ...*

3 Verlängere die Nomen und trage sie richtig in die Tabelle ein.

Geschäf■ Lie■ Klei■ Gebur■
Freun■ Bran■ Wel■ Pfer■

t	*d*

4 Auch bei Verben kannst du b oder p, g oder k am Wortende nicht gut unterscheiden. Hier hilft die Grundform.
Schreibe so: *bleiben – er bleibt, ...*

er blei■t sie na■t es be■t ihr trin■t
du hu■st ihr win■t sie wa■t er erlau■t

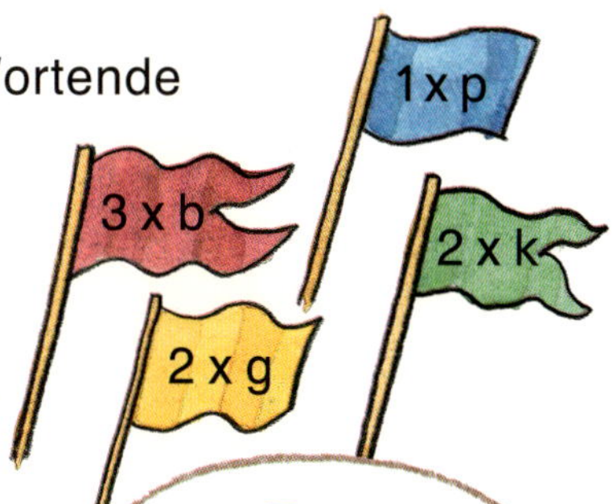

5 Auch Adjektive musst du verlängern.

kräfti■ blin■ lau■ har■
lie■ vollständi■ ecki■

Kräftige Piraten sind kräftig.
Ich bin kräftiger als Fips.

Achtung: e oder ä, äu oder eu?

H_nde

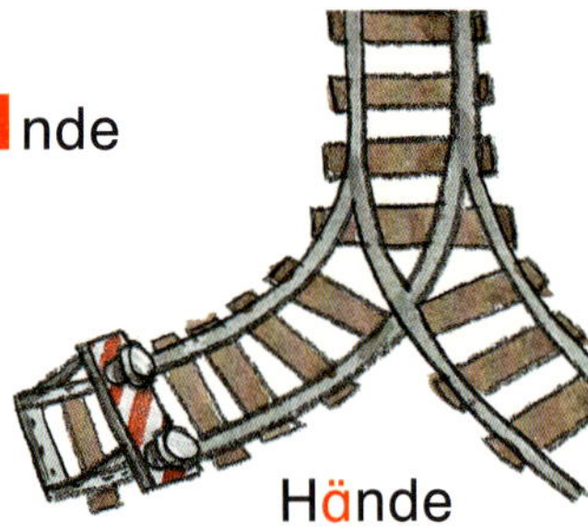

e ä

Hände

kommt von Hand

R_ber

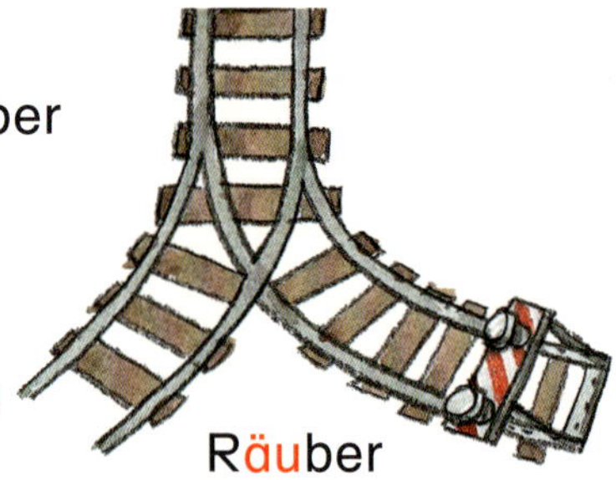

äu eu

Räuber

kommt von rauben

1 Welche Gepäckstücke gehören in welchen Wagen?

Schreibe so: *Wagen 1: Nähe – nah, …*

Wagen 2: Sträuße – …

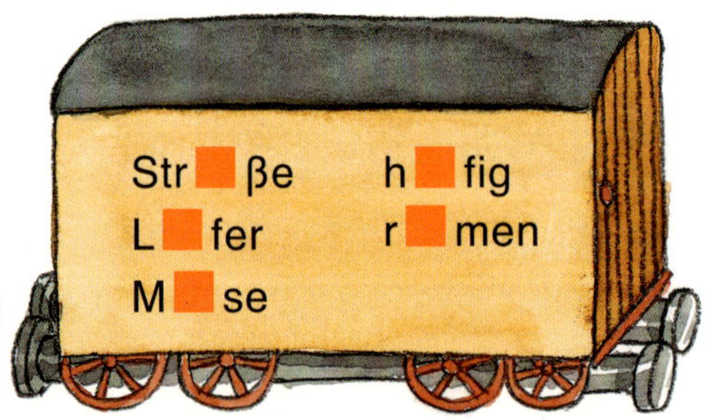

2 Schreibe die Regel von Fips auch für diese Wörter auf:

L_fer, tr_gt, r_men.

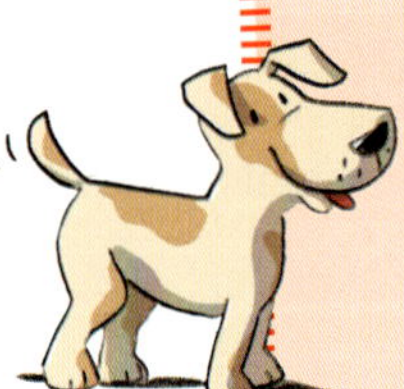

ä → a
Nähe kommt von nah.

äu → au
Sträuße kommt von Strauß.

Ängstliche Angsthasen und beraubte Räuber

1 Bilde die Mehrzahl zu den Nomen und markiere:
die Angst – die Ängste, …

Angst Ball Hang Arzt Naht Stamm
Wald Kraft Pass Stadt Land

2 Suche Wörter mit au. Schreibe so und markiere:
Räuber: rauben, Raub, …

Räuber häufig Gebäude träumen aufräumen

3 Finde verwandte Wörter. Schreibe so:
Wahl: wählen, Auswahl, wählerisch, …

Wahl	Angst	nah	Traum
Raum	Kraft	Hang	Kamm
Pass	Strauß	raten	wachsen
Arzt	Maus	backen	Laus
jagen	Kauz		

4 Schreibe den Text ab, denke nach und setze die fehlenden Buchstaben farbig ein.

_ngstlich und nervös warten die L_fer am Start.
Viele L_te stehen an den Straßenr_ndern.
Dann f_llt der Startschuss. Jeder l_ft, so schnell er kann.
_ndlich ist das Ziel erreicht. Der Sieger erh_lt
den t_ren Pokal und fr_t sich über den _rfolg.

AH S. 46, 47

Geistesblitze!

Alexander Graham Bell

Thomas Alva Edison

Margarete Steiff

Karl Friedrich Benz

Josephine Cochrane

Konrad Zuse

1 Was kannst du hier entdecken?

2 Erkläre die Überschrift dieser Seite.

3 Für welchen Geistesblitz kannst du dich am meisten begeistern? Begründe.

4 Was müsste für dich noch erfunden werden? Stelle deine Erfindung in der Klasse vor.

5 Ihr könnt eine Expertenmappe zu Erfindungen anlegen.

Margarete Steiff und ihr Geistesblitz

Margarete Steiff war als kleines Kind sehr krank und seitdem an beiden Beinen gelähmt. Sie besuchte die Schule und machte eine Lehre als Schneiderin. Zunächst nähte sie Kleidungsstücke aus Filz.
Eine Modezeitschrift brachte sie auf eine Idee: Sie entwarf Stofftiere aus Filz, zuerst einen Elefanten.
Einige Jahre später gründete Margarete Steiff eine Spielwarenfabrik. Den Teddybären, wie wir ihn heute kennen, erfand Margaretes Neffe.
Heute gibt es weltweit viele verschiedene Firmen, die Stofftiere produzieren.

Margarete Steiff mit einem der ersten Teddybären

1 Lies den Text.

2 Erzähle mit eigenen Worten nach, was du gelesen hast.

3 Im Text findest du elf Verben. Ordne sie in die Tabelle ein und ergänze die fehlenden Formen.

Grundform	einfache Vergangenheit	Gegenwart
sein	sie war	sie ist

Du kannst die Aufgabe auch am Computer lösen.

4 Schlage diese Wörter im Lexikon nach. Was bedeuten sie?

gründen · Spielwarenfabrik · Filz · produzieren · Firma · Neffe

Zeit vergeht

nähen produzieren süß
Verpackung Nähmaschine
dick Spielzeug erfinden
Naht herstellen
Stoff entwickeln
Entwicklung
ohne richtig

1 Suche alle Verben heraus. Schreibe sie in der einfachen Vergangenheit mit ich, du, er/sie/es, wir, ihr und sie auf.
Schreibe so: *ich nähte, du nähtest, …*

2 Suche dir noch eine Aufgabe aus dem Wörtertraining im Umschlag.

3 Meine Freunde und ich bauen ein Puppenhaus auf.
Die kleinen Möbel gefallen uns besonders gut.
Das winzige Puppengeschirr sieht ganz echt aus.
Wir spielen vorsichtig damit.
Ich finde den kleinen Teddy mit der Schleife süß.

So schreibst du die Sätze in der Vergangenheit auf:

Gestern bauten meine Freunde und ich …

So erzählst du sie:

Gestern haben meine Freunde und ich …

4 Ergänze die Tabelle.

Gegenwart	*einfache Vergangenheit*	*zusammengesetzte Vergangenheit*
ich beginne		
	wir kletterten	
		er ist gesprungen
sie singen		

Mein Lieblingsspielzeug

1 Beschreibe ganz genau, was du sehen kannst.

2 Erzählt die Geschichte, an die sich der Junge erinnert.
Was könnte vorher und nachher passieren?

3 Von welchen Erlebnissen mit eurem Spielzeug
könnt ihr berichten? Erzählt.

4 Notiere dein Erlebnis als Ideen-Netz.

5 Schreibe dein Erlebnis auf.

6 Besprecht und überarbeitet eure Geschichten.
Darauf müsst ihr besonders achten:

- Gibt es eine Einleitung, einen Hauptteil und einen Schluss?
- Hat die Geschichte einen Höhepunkt?
- Ist sie in der einfachen Vergangenheit geschrieben?
- Sind die Satzanfänge abwechslungsreich?
- Kommt wörtliche Rede vor?
- Macht die Überschrift neugierig?

Schreibkonferenz

Der Hund
An einem sonnigen Tag ging ich mit meinem Hund spazieren. Wir laufen auf dem Weg. Dann gingen wir auf die Wiese. Dann spielten wir mit dem Wurfball. Dann warf ich den Ball viel zu weit ins Gebüsch. Dann rannte mein Hund hinter dem Ball her. Plötzlich war er verschwunden und dann lief ich ihm rufend hinterher. Dann suchte ich ihn und fand ihn nach einer Ewigkeit mit der Schnauze in einem Fuchsloch. Dann nahm ich ihn an die Leine und ich gehe mit ihm erleichtert nach Hause.

7 Was muss hier überarbeitet werden?

8 Verbessere die Geschichte.

Mit Satzgliedern spielen

1 Bildet aus den Wörtern Sätze. Stellt die Kinder möglichst oft um und verwendet dabei immer alle Wortkarten. Einer von euch schreibt mit.

2 Vergleicht die Sätze.

3 Welche Kinder bleiben immer zusammen? Diese Kinder haken sich ein.

Wörter, die beim Umstellen immer zusammenbleiben, bilden gemeinsam ein Satzglied.

Unser Fips verschenkt niemals seine dicke Wurst.
Verschenkt unser Fips niemals seine dicke Wurst?
Niemals verschenkt unser Fips seine dicke Wurst.
Seine dicke Wurst verschenkt unser Fips niemals.

4 Stelle jeden Satz so oft wie möglich um. Kreise die Satzglieder ein.

Tim spielt Fußball.
Die beiden Freundinnen gehen gerne ins Kino.
Yasmine hüpft fröhlich auf dem Trampolin.
Der Computer ist Pauls Lieblingsspielzeug.

5 Finde noch eigene Sätze und arbeite wie in Aufgabe 4.

Wer verschenkt sein Spielzeug?

Tim verschenkt sein altes Auto.
Petra verschenkt ihre alte Puppe.
Die Zwillinge verschenken ihre Holzeisenbahn.
Der Junge im roten Hemd verschenkt seinen Teddy.

1 Lies den Text.
Wie fragst du nach dem unterstrichenen Satzglied?

2 Schreibe deine Fragen und Antworten so auf:
Wer verschenkt sein altes Auto?
Tim verschenkt sein altes Auto.

3 Frage auch in diesen Sätzen nach dem unterstrichenen Satzglied.

> Das Satzglied, das dir auf die Frage Wer oder was? antwortet, nennst du Subjekt (Satzgegenstand).

Heute hat Halil Geburtstag.
Wir singen für ihn ein Lied.
Er hat sich viele Spielsachen gewünscht.
Das große Päckchen enthält eine tolle Überraschung.
In dem Päckchen ist ein ferngesteuertes Flugzeug.

4 Frage mit Wer oder was? nach dem Subjekt (Satzgegenstand).
Schreibe so und unterstreiche:
Wer oder was ist bald? Tinas Geburtstag ist bald.

Bald ist Tinas Geburtstag.
Wir wollen ihr etwas Tolles schenken.
Ich packe ein großes Geschenk für sie ein.
Meine Mama hilft mir dabei.
Meine Schwester ist dafür noch zu klein.
Hoffentlich gefällt Tina das Geschenk!

Was tun die Kinder?

Tim trifft Nina im Schwimmbad.
Nina schwimmt gerne im Kinderbecken.
Tim springt lieber vom Drei-Meter-Brett.
Aber gemeinsam rutschen sie beide um die Wette.

1 Lies den Text.
Wie fragst du nach dem unterstrichenen Satzglied?

2 Schreibe deine Fragen und Antworten so auf:
Was tut Tim?
Tim trifft Nina im Schwimmbad.

3 Frage mit Was tut? auch in diesen Sätzen nach dem unterstrichenen Satzglied.

Nina verreist mit ihren Eltern.
Im Auto fährt die Familie zum Flughafen.
Sie fliegt ans Meer.
Dort sammelt Nina Muscheln am Strand.

Das Satzglied, das dir auf die Frage Was tut? oder Was geschieht? antwortet, nennst du Prädikat (Satzkern).

4 Wie fragst du hier nach dem Prädikat (Satzkern)?
Schreibe so und unterstreiche:
Was tue ich am liebsten? Am liebsten spiele ich im Wald.

Am liebsten spiele ich im Wald.
Dabei verletze ich mich nie.
Manchmal komme ich schmutzig nach Hause.
Ich hüpfe gerne in den Matsch.
Meine Mama ärgert sich über meine schmutzigen Schuhe.
Aber ich putze meine Schuhe immer selbst.

Übung macht den Meister!

1 Stelle den Satz möglichst oft um. Kreise alle Satzglieder ein.

In meinem Zimmer spiele ich oft mit meiner elektrischen Eisenbahn.

2 Schreibe die Sätze richtig ab.
Unterstreiche Subjekt (Satzgegenstand) und Prädikat (Satzkern) in unterschiedlichen Farben.

spiele	mit	ich	Puppe.	liebsten	meiner	Am	
flitzen	Rennbahn.	Die	über	Rennautos	die		
Spaß.	mir	Das	großen	macht	Schachspielen		
hohe	Freund	Mit	baue	gerne	Türme.	ich	meinem

Mensch, ärgere dich nicht!

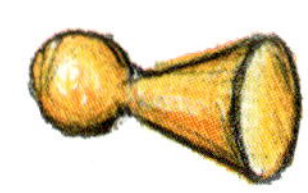

Es war an einem Winterabend im Jahr 1905.
von Josef Schmidt langweilten sich.
Da der Vater so lange auf einer Hutschachtel herum,
bis die Form eines Kreuzes herauskam.
Als das Kreuz sah, rief er: „Mensch, ärgere dich nicht!“
Aus diesem Kreuz er das Spiel.
Ab diesem Zeitpunkt nicht mehr.
Häufig sie das Spiel mit ihren Freunden.

seine Kinder
der Vater
spielten
Die Söhne
langweilten sich
kritzelte
entwickelte

3 Schreibe den Text ab und setze die fehlenden Satzglieder richtig ein.

AH S. 50, 51

Satzglieder

Wörter, die beim Umstellen immer zusammenbleiben, bilden gemeinsam ein Satzglied.

(Mein Bruder Fabian) (spielt) (gerne) (Fußball.)

(Spielt) (mein Bruder Fabian) (gerne) (Fußball?)

Das Satzglied, das dir auf die Frage Wer oder was? antwortet, nennst du Subjekt (Satzgegenstand).

Wer oder was ist groß?
Mein Bruder ist groß.
Unsere Pausenhalle ist groß.

Das Satzglied, das dir auf die Frage Was tut? oder Was geschieht? antwortet, nennst du Prädikat (Satzkern).

Was tut Mia? Mia liest ein Buch.
Was geschieht? Es regnet.

1 Auf den Seiten 110 und 111 hast du in vielen Sätzen Prädikate (Satzkerne) gesucht. Schau dir diese Prädikate (Satzkerne) noch einmal an. Zu welcher Wortart gehören sie?

2 Was ist der Unterschied zwischen Wortarten und Satzgliedern?

Info

Willst du noch mehr über Geistesblitze wissen?
Kakao kennt man in Mittelamerika schon seit über 3000 Jahren. Bereits die Mayas und Azteken tranken ihn gerne, aber ungesüßt. Als die Spanier Mexiko eroberten, lernten sie das bittere Getränk kennen. Um es schmackhafter zu machen, fügten sie Zucker hinzu. So kam der Kakao vor etwa 500 Jahren nach Europa. Erst 1848 erfand man in England die feste Schokolade.

Spielzeug

1 Dieser Lastwagen hat Wörter mit langem i geladen.
Weißt du noch, wie man sie schreibt?

2 Es gibt aber Ausnahmen. Diese sieben Wörter musst du dir merken.
Setze die Silben richtig zusammen.

ko | Del | ber | Bi | fin | schi | ri | Ma | Nil | Kro | dil | ger | Man | ne | pferd | Ti | da | ne

3 Lied – Lid | Miene – Mine | Stiel – Stil | wieder – wider

Diese Wörter klingen gleich. Du schreibst sie aber unterschiedlich.
Was bedeuten sie? Schlage nach und erkläre.

> Sehr oft schreibst du langes i als ie.
> Ausnahmen musst du dir gut merken.

So übst du mit Klebezetteln schwierige Wörter:

- Schreibe jedes Wort auf einen Zettel.
- Markiere die besonders schwierige Stelle.
- Verteile die Klebezettel in deinem Zimmer.
- Setze dich mit einem Blatt an deinen Schreibtisch.
- Mach mit deinen Zetteln ein Schleichdiktat.
- Vergleiche und verbessere danach.

Biber

Delfin

Du kannst die Zettel auch länger hängen lassen und immer wieder mal anschauen.

AH S. 52, 53

Im Bahnhof

1 Wart ihr schon einmal in einem großen Bahnhof? Berichtet von euren Erfahrungen.

2 Seht euch das Bild genau an. Was gibt es nur in einem großen Bahnhof?

3 Ein kleines Mädchen weint, weil es seinen Teddy im Bahnhof verloren hat. Findest du ihn?

4 Welche Begriffe passen zu den Zahlen?
Schreibe so: 1. *Obststand*, 2. ...
Überprüfe mit dem Wörterbuch.

5 Im Bild findest du viele
Hinweisschilder ohne Sprache.
Was beduten sie?

6 Male ab und erkläre.
Kennst du noch mehr Zeichen?

Aus zwei mach eins!

1 Setze die Nomen aus den beiden Koffern sinnvoll zusammen und erkläre das neue Wort in einem Satz.
Ein Blumenladen ist ein Laden, in dem man Blumen kaufen kann.

Wenn du zwei Wörter zusammensetzt, beschreibt das erste Wort das zweite genauer.

2 Du kannst auch Verben mit Nomen zusammensetzen.
Schreibe so: *schließen + das Fach = das Schließfach*

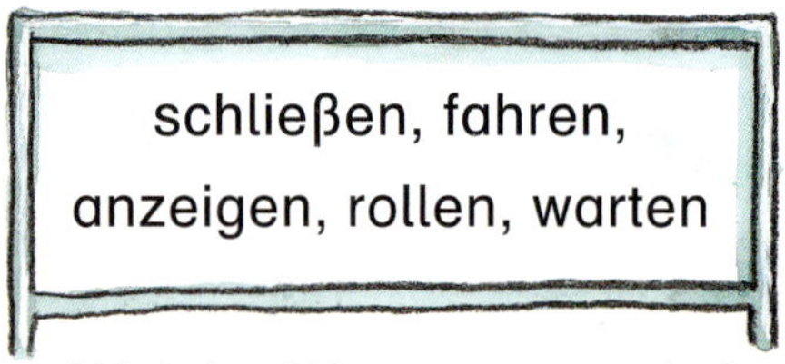

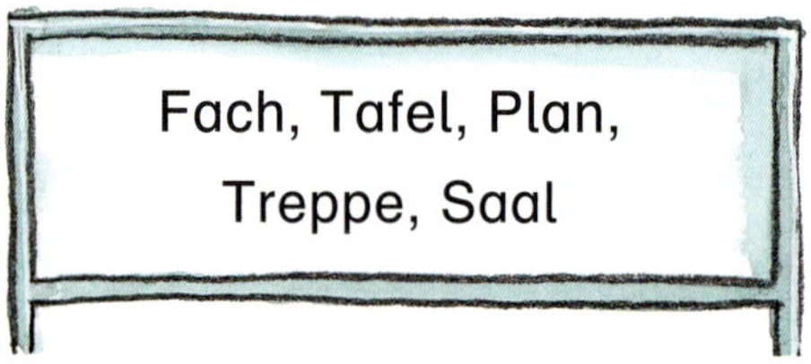

Welche Wortart entsteht?

3 Welche Wörter stecken in diesen zusammengesetzten Nomen?
Schreibe so: *das Hochhaus = hoch + das Haus*

Hochhaus, Altpapier, Nahverkehr,
Tiefgarage, Neuschnee,
Fernverkehr, Weitsprung, Schnellzug

4 Erkläre, mit welchen Wortarten du zusammengesetzte Nomen bilden kannst. Worauf musst du beim Schreiben achten?

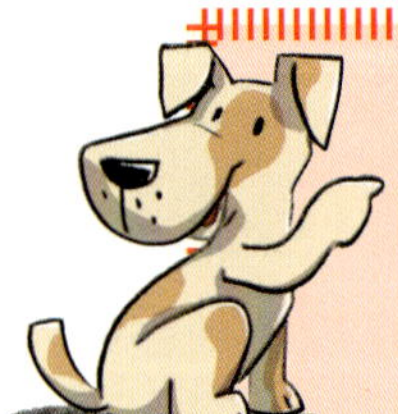

Aufpassen!

das Eisen	die Bahn	die Eisenbahn
fahren	das Rad	das Fahrrad
groß	die Stadt	die Großstadt

AH S. 54

Wien – unterirdisch

In vielen großen Städten gibt es eine U-Bahn.
Hier ist der U-Bahn-Plan von Wien.

1 Welche U-Bahn-Linie fährt vom Westbahnhof nach Simmering?

2 Wo musst du umsteigen, wenn du vom Westbahnhof nach Leopoldau fahren willst?

3 Beantwortet die folgenden Fragen zum U-Bahn-Plan.

1. Claudia wohnt am Gasometer. Sie möchte ihre Freundin Petra am Praterstern besuchen. Wie muss sie fahren?
2. Sven möchte von der Braunschweiggasse zur Friedensbrücke fahren, ohne umzusteigen. Ist das möglich?
3. Florim will von der Nußdorfer Straße zum Westbahnhof fahren. Wie viele Stationen sind das?

Geschichten von bärenstarken Reisen

Kennst du Emma, die altmodische Dampflokomotive?
Sie dreht nicht nur auf den Gleisen der hochberühmten Insel Lummerland ihre Runden. Nein, sie kann fast überall fahren.
Mit ihr erleben Jim Knopf und Lukas der Lokomotivführer jede Menge Abenteuer und brandgefährliche Situationen:

Sie segeln über das kristallklare Meer, verirren sich fast in der sonnenheißen Wüste und erheben sich federleicht in den Himmel, um über turmhohe Wolkenberge hinwegzufliegen.
Selbst in tiefschwarzer Finsternis und beim Tauchen auf dem Meeresgrund kann man sich auf Emma verlassen.

1 Im Text findet ihr acht zusammengesetzte Adjektive. Sucht sie heraus und erklärt, was sie bedeuten.

2 Lest nun den Text ohne diese Adjektive. Was fällt euch auf?

3 Aus welchen Wörtern sind die Adjektive zusammengesetzt? Schreibe so:
altmodisch = alt + modisch

4 Finde noch mehr zusammengesetzte Adjektive.

Mit zusammengesetzten Adjektiven kannst du besonders genau und anschaulich beschreiben:

die
pfeilschnelle,
dunkelgraue,
tropfnasse
Lokomotive

Lauter zusammengesetzte Adjektive

Auch mit Verben kannst du zusammengesetzte Adjektive bilden.

blitzen | kuscheln | faul | leicht | tropfen | pflegen | sauber | lebendig | schreiben | weich | quietschen | nass

1 Schreibe so: *kuscheln + weich: kuschelweich*

2 Wenn du die Wortbausteine richtig zusammensetzt, findest du jeweils sechs Adjektive für die Farben Grün und Rot.
Erfinde passende Sätze: *Er hatte eine giftgrüne Hose an.*

dunkel | knallen | Kirsche | Gift | Blut | Frosch | Wein | Gras | hell

Auch zusammengesetzte Adjektive schreibst du klein:

das Gift | grün | giftgrün

3 Der berühmte deutsche Schriftsteller Michael Ende hat in seinen Geschichten viele ausdrucksstarke zusammengesetzte Adjektive verwendet.
Erkläre ihre Bedeutung.

(1929-1995)

die blumenblattgleiche Prinzessin

die kohlpechrabenschwarze Finsternis

das ohrenbetäubende Spektakel der Drachen

die angriffslustigen Geier

AH S. 55

Gemischte Gefühle

Allerlei Bahnen

Die U-Bahn fährt zumeist verborgen
und hoffentlich auch übermorgen.

E-Züge bringen's ziemlich weit
mit ihrer Eilgeschwindigkeit.

Die A-Bahn allerdings fährt nur
in einer Abenteuerspur.

Die I-Bahn und die O-Bahn fahren
fast ohne Licht, um Strom zu sparen.

Und wer da fragt mit strenger Miene:
„Auf welcher Strecke, welcher Schiene?"

und gar behauptet „I- und O-
und A-Bahn gibt es nirgendwo" –

der kann nicht das Geringste ahnen
von Achter- und Gespensterbahnen.

Hans Baumann

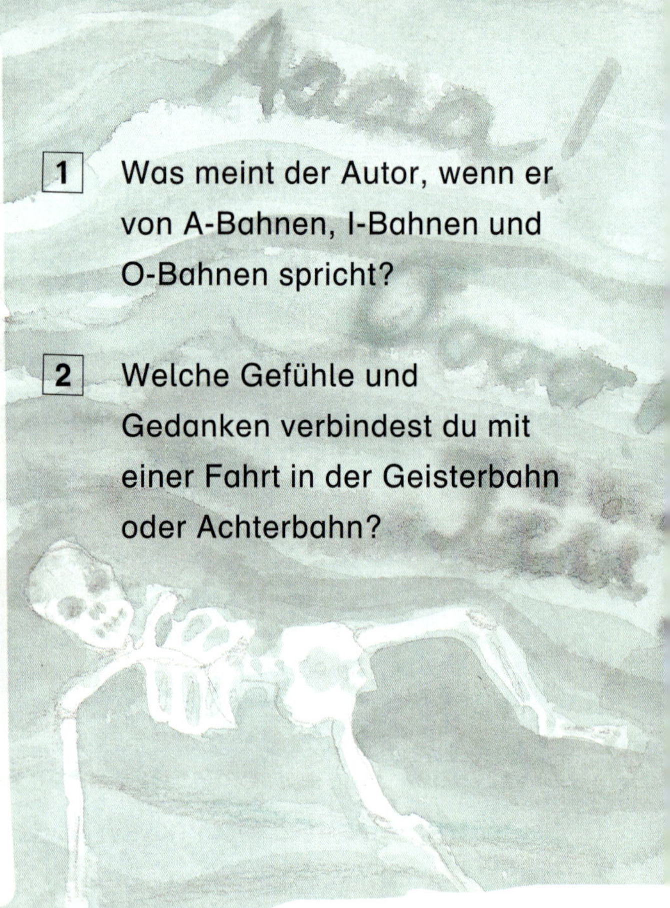

1 Was meint der Autor, wenn er von A-Bahnen, I-Bahnen und O-Bahnen spricht?

2 Welche Gefühle und Gedanken verbindest du mit einer Fahrt in der Geisterbahn oder Achterbahn?

3 Sammelt treffende Ausrufe und Redewendungen, mit denen ihr Gefühle ausdrücken könnt. Notiert sie auf Plakaten.

Freude – Staunen – Überraschung

Oh ja!
Sagenhaft!
übers ganze Gesicht strahlen
Bauklötze staunen

Angst – Erschrecken – Unwohlsein

Pfui Spinne!
Was nun?
Das Herz rutscht mir in die Hose.
Mir schlottern vor Angst die Knie.

4 Bei www.geolino.de findet ihr unter dem Stichwort „Mensch" viele Redewendungen mit Erklärungen zu Herkunft und Bedeutung.

AH S. 56

Eine spannende Reisegeschichte schreiben

1 Berichtet von euren Reiseerlebnissen.
Erzählt auch, wie ihr euch gefühlt und was ihr gedacht habt.

2 Plane deine Geschichte in kurzen Stichpunkten. Du kannst dir auch ein Erlebnis ausdenken.

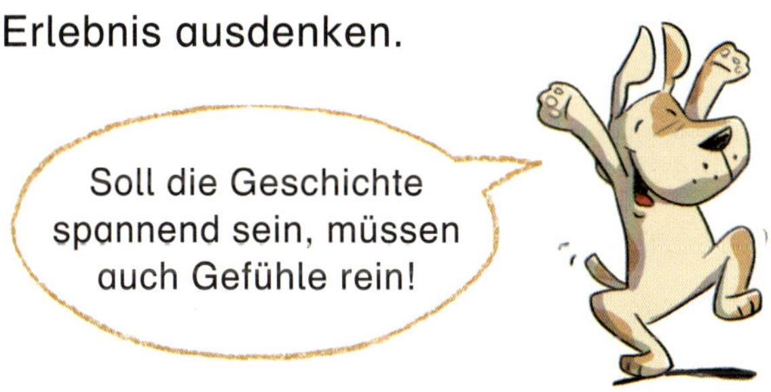

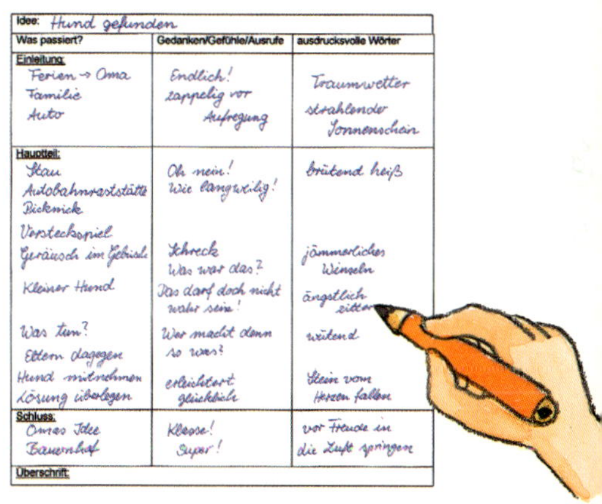

Idee: Hund gefunden

Was passiert?	Gedanken/Gefühle/Ausrufe	ausdrucksvolle Wörter
Einleitung: Ferien → Oma Familie Auto	Endlich! zappelig vor Aufregung	Traumwetter strahlender Sonnenschein
Hauptteil: Stau Autobahnraststätte Picknick Versteckspiel Geräusch im Gebüsch Kleiner Hund Was tun? Eltern dagegen Hund mitnehmen Lösung überlegen	Oh nein! Wie langweilig! Schreck Was war das? Das darf doch nicht wahr sein! Wer macht denn so was? erleichtert glücklich	brütend heiß jämmerliches Winseln ängstlich zitter wütend Stein vom Herzen fallen
Schluss: Omas Idee Bauernhof	Klasse! Super!	vor Freude in die Luft springen
Überschrift:		

3 Schreibe deine Reisegeschichte auf.

4 Besprecht und überarbeitet eure Geschichten.
Darauf müsst ihr besonders achten:

- Hat die Geschichte einen Höhepunkt?
- Kommt wörtliche Rede vor?
- Werden ausdrucksstarke Wörter verwendet?
- Sind Gedanken und Gefühle beschrieben?
- Ist die Überschrift spannend?

Wortfamilie fahren

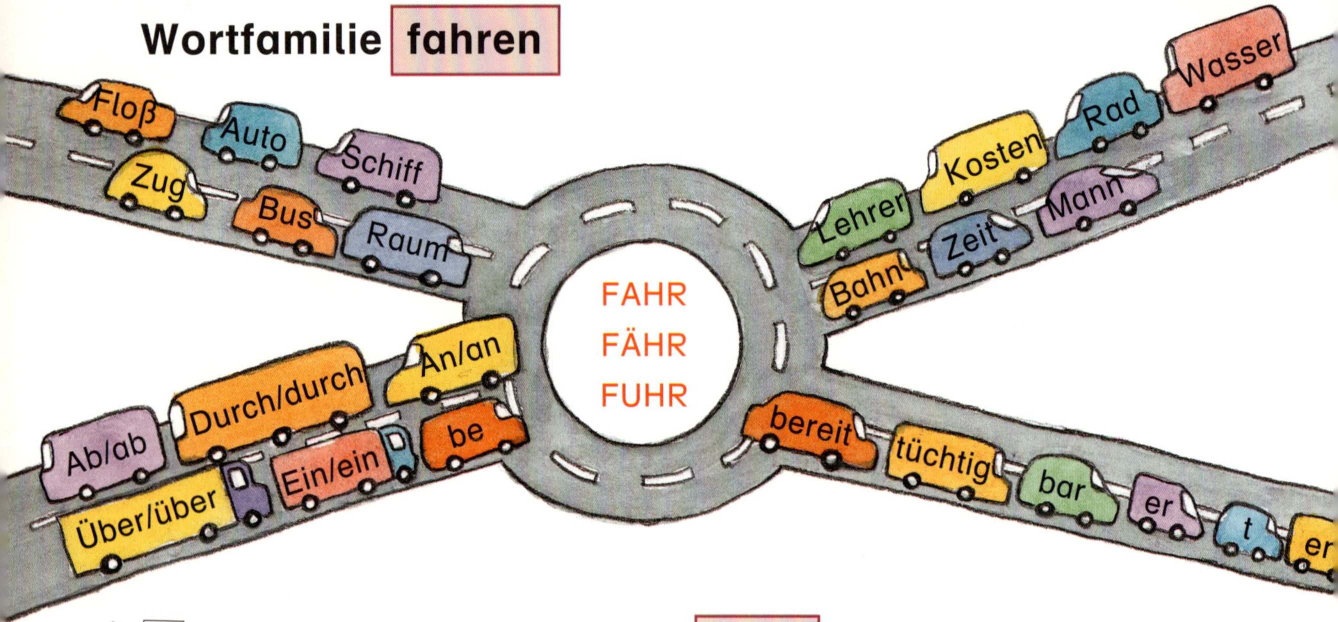

1 Bilde Wörter aus der Wortfamilie fahren und ordne sie in einer Tabelle.

Nomen	Verben	Adjektive
die Anfahrt	anfahren	fahrbereit

2 Setze die Wörter in den Text ein und schreibe ihn in dein Heft.

Fahrt, abfährt, Einfahrt, Abfahrtszeit, Fahrkarte, Fahrzeit, Fahrplan, fährt

Familie Schröder … mit dem Zug nach Köln. Am Bahnhof schaut der Vater auf den …, um zu sehen, auf welchem Gleis der Zug … . Die … kostet 25 Euro. Um 9.12 Uhr ist die … des Zugs. Die … beträgt genau 90 Minuten. Da zeigt das Signal freie … in den Bahnhof. Alle steigen ein und freuen sich auf die … .

Brücke	entdecken	Entfernung	Erlaubnis	Gebäude
Mittag	Paket	Schalter	schmutzig	steuern
Bahn	während	spät	Vorfahrt	

AH S. 57

Im Erzählkreis

Ich bin zum ersten Mal ohne meine Eltern allein mit der Bahn zu meiner Oma gefahren. Das war ein tolles Gefühl.

Bei einer Führung im Museum habe ich erfahren, dass die Wale sich von Plankton ernähren. Da habe ich ehrlich gestaunt.

Gestern bin ich fröhlich mit dem Fahrrad zu unserer Höhle geradelt. Da hat mir ein Auto die Vorfahrt genommen. Ich konnte fast nicht mehr bremsen. Das war sehr gefährlich.

1 Lest die Texte laut und deutlich. Achtet auf die unterstrichenen Wörter. Welche Besonderheit haben sie gemeinsam?

2 Schreibe die Wörter ab, markiere und sprich dazu:

Führung
erfahren, ...

Führung schreibe ich mit ü-h ...

Bei diesen Wörtern kannst du das h nicht hören. Es dehnt den Selbstlaut oder Umlaut davor. Du musst dir die Wörter gut merken!

3 Hier fehlt doch etwas! Schreibe die vollständigen Wörter und markiere.

L■rer	Gef■r	M■le	Z■l
B■n	M■ne	S■n	n■men
r■ren	bel■nen	k■len	■nlich
s■r	w■rend	■ne	

4 Schreibe fünf Sätze mit den Wörtern aus Aufgabe 3. Sie dürfen auch lustig sein! Schaffst du es, mehrere Wörter in einem Satz unterzubringen?

5 Versuche, eine kleine Geschichte mit möglichst vielen Wörtern aus Aufgabe 3 zu erfinden.

Fröhliche Fledermäuse wohnen sehr gerne in kühlen Höhlen!

AH S. 58

Das s verbindet

1 Bilde aus den Wörtern in den Waggons zusammengesetzte Nomen. Was fällt dir auf?

2 Setze auch die folgenden Nomen zusammen.
Schreibe so:
der Geburtstag + das Geschenk = das Geburtstagsgeschenk

Wenn du Nomen zusammensetzt, musst du dazwischen manchmal ein s einfügen.

3 Bilde aus den beiden Wortkisten zusammengesetzte Nomen.
Schreibe so: *der Advent + der Kalender = der Adventskalender*

Advent	Unterricht		Kalender	Name
Verkehr	Frühling	s	Stunde	Anzug
Glück	Training		Klee	Zeichen
Monat	Lösung		Wort	Blumen

4 Wonach richtet sich bei zusammengesetzten Nomen der Artikel?

der Frühling + die Blume = ? Frühlingsblume

Überprüfe auch andere zusammengesetzte Nomen.

Doppelt hält besser!

1 Bilde zusammengesetzte Nomen. Markiere die Stelle, wo die beiden Nomen zusammengefügt werden:
Gewitterregen, …

Gewitter | Regen

Tafel | Lappen

Zeitung | s | Seite

Dorf | Fest

Sport | Tasche

Regen | Nässe

2 Auch wenn du Vorsilben mit Verben verbindest, musst du aufpassen. Schreibe so: *abbiegen, …*

	biegen		reden		reisen		führen
ab-	brechen	über-	rennen	ver-	raten	auf-	fallen
	beißen		reichen		rechnen		fordern

3 Bilde mit den neuen Verben Sätze.

Verlängern hilft!

Landkarte   Wegweiser   Raubtier

4 Bei diesen zusammengesetzten Wörtern hörst du das Ende des ersten Wortbausteins schlecht. Wie findest du die richtige Schreibweise?

5 Welcher Buchstabe fehlt hier?

Lau■baum   win■schief   San■burg   Schil■kröte   Gel■börse
schrei■faul   Flu■zeug   ta■hell   Han■tuch   Zu■begleiter
bil■schön   Han■tasche   stau■trocken

AH S. 59

Der geheimnisvolle Stern

1 Wie nennt man diese Art von Geschichten?

2 Wie heißen die beiden Hauptfiguren?

Comics, Bücher & Co

1 Wie könnte die Geschichte mit Tim und Struppi weitergehen? Zeichne oder schreibe allein oder in der Gruppe.

2 Hast du andere lustige Ideen? Gestalte deinen eigenen Comic.

3 Ordne den Bildern die Begriffe richtig zu.

Bilderbuch

Roman

Comic

Zeitschrift

Sachbuch

Zeitung

4 Welche Art von Text liest du am liebsten? Warum?

5 Vergleicht die verschiedenen Textarten.
- Welche Kennzeichen haben sie?
- Mit was für einer Absicht liest man welchen Text?
- Wie unterscheiden sich Zeitung und Zeitschrift?
- Schreibt eure Ergebnisse auf.

Lies doch mal
Titel: ...
Autor: ...
Verlag: ...
Mein Text ist ein ...
Ich finde ihn ...
Inhalt: ...

6 Stelle deiner Klasse einen Text deiner Wahl vor. Fasse Wichtiges in einem Steckbrief zusammen.

7 Ihr könnt eine Expertenmappe zum Thema „Comics, Bücher & Co“ anlegen.

Die Kunst zu werben

1 Wofür wird hier geworben?
Wie hast du das erkannt?

2 Wieso gibt es Werbung?

3 Wo begegnet dir im Alltag Werbung?

4 Welche Logos und Markenzeichen kennt ihr?
Gestaltet ein Werbeplakat mit Schattenbildern.

Fremdwörter

Internet

Verbindungsnetz, durch das Rechner überall auf der Welt miteinander verbunden werden können.

Ob im Fernsehen, auf der Straße oder im Internet: Überall in den Medien begegnet dir Werbung.
Durch Plakate, Prospekte, Fernsehspots und Annoncen werden die Konsumenten auf neue Waren aufmerksam.

Damit sich ein Produkt gut verkauft, braucht es außerdem das richtige Design.

Werbung soll uns informieren.
Mit Werbung kann man Menschen aber auch manipulieren. Damit ist gemeint, dass die Werbung die Meinung und Wünsche der Menschen beeinflussen und verändern kann.

1 Welche Wörter in diesem Text klingen fremd für dich? Schreibe sie heraus.

2 Erkundige dich, was sie bedeuten.

3 Lege eine Fremdwörterkartei an.

Schreibe vorne das fremde Wort auf.

Erkläre hinten, was es bedeutet. Male dazu, wenn möglich.

4 Wiederhole mit eigenen Worten, was du im Plakattext erfahren hast.

5 Wie gehst du mit Werbung um? Lässt du dich von ihr beeinflussen?

Wozu braucht man diese Medien?

1 Beschreibe deinem Partner ein Medium in einem Rätsel.
Beispiel:
Damit kannst du mit anderen Menschen sprechen, obwohl sie gerade nicht anwesend sind.

2 Jedes Medium hat Vorteile und Nachteile.
- Diskutiert darüber.
- Notiert eure Ideen in Stichpunkten.

PRO | KONTRA

→ Wie das geht, findet ihr auf den Seiten 148 und 149.

3 Welches Fremdwort ist gemeint? Kontrolliere mit der Wörterliste. Trage es mit Erklärung in deiner Fremdwörterkartei ein.

Bücher, Fernseher, Computer und andere Mittel, durch die man sich informieren und mitteilen kann

schnell angefertigte Zeichnung

Hier führen Schauspieler vor Zuschauern eine Geschichte vor.

Wiederaufbereitung von Müll

4 Überlege dir Beschreibungen für diese Fremdwörter, ohne sie selbst zu verwenden.

Kino | defekt | Europa | Handy | diskutieren

5 Lies die Beschreibungen deinem Partner vor. Findet er die Begriffe?

Werbesprache – Werbesprüche

1 Erzählt oder spielt eure Lieblingswerbung nach.

2 Welche Werbesprüche fallen dir auf Anhieb ein?

3 Bring Werbung, die dir gefällt, in die Schule mit. Gestalte eine Collage mit Werbeausschnitten.

4 Werbung „spielt“ oft mit unserer Sprache. Wodurch wird diese Werbung für Kunden interessant? Was fällt euch auf?

5 Untersuche verschiedene Werbesprüche. Welche sprachlichen Mittel kommen darin vor?

- Adjektive, die das Produkt schön machen
- Fragen an den Kunden
- Name des Produkts
- Versprechungen
- gleiche Buchstaben am Wortanfang
- Prominente, die für das Produkt werben

AH S. 60, 61

Werbung macht die Dinge schön

* * * *
Der einzigartige MP3-Player von
„Magic-Music“.
Fantastischer Sound für dein Ohr!

Kommen Sie noch heute in die atemberaubende Bergsteigerwelt von „Sport Kraxler“ und testen Sie hervorragende Ausrüstungen zu sensationellen Preisen.

Sie wollen traumhafte Strände und perfekte Hotels?

Bei „Afro-Safari-Tours“ buchen Sie einen Urlaub der unvergesslichen Art.

„El Hombre“

Der verführerische Duft, der jeden Mann unwiderstehlich macht.

1 Welche Wörter in den Werbesprüchen sorgen dafür, dass wir die Produkte schön finden?

2 Schreibe die Adjektive richtig ab.

umwerfend dick toll geheim fein
doof gemein interessant alt hübsch
lieblich wunderbar treu gelungen
ehrlich gut hinreißend glatt genial

3 Welche dieser Adjektive haben eine ähnliche Bedeutung wie schön? Unterstreicht sie im Heft.

4 Finde zu jedem unterstrichenen Wort ein geeignetes Satzbeispiel.
Die Sängerin trägt ein umwerfendes Abendkleid.

Es gibt viele Wörter für schön

1 Gestaltet ein Plakat zum Wortfeld schön :
- Verwendet die Adjektive von Seite 132.
- Sammelt weitere Wörter.

2 Schreibe den Text ab. Vermeide dabei Wiederholungen.
Ersetze schön möglichst oft durch andere passende Wörter.

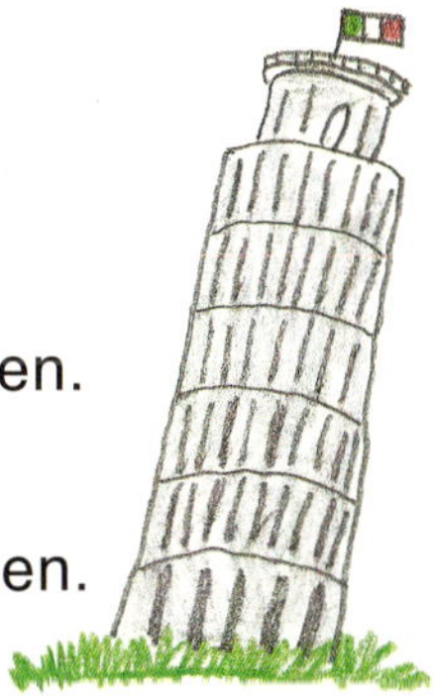

Den letzten Urlaub verbrachte meine Familie auf einem Campingplatz in Italien. Zelten finde ich schön. Ich habe dann das Gefühl, mitten in der Natur zu schlafen. In der Hauptstadt Rom besuchten wir schöne Museen. Wir besichtigten auch andere schöne Sehenswürdigkeiten. Am schönsten war der schiefe Turm von Pisa.

Die ganze Zeit über hatten wir schönes Wetter. In der zweiten Ferienwoche badeten wir an einem schönen Strand im Meer. Zusammen mit Papa baute ich eine schöne Sandburg. Mein älterer Bruder sammelte schöne Muscheln.

3 Welche der folgenden Lernwörter kommen im Text vor?
Unterstreiche sie im Heft und markiere schwierige Stellen.

Medien schief sammeln fleißig letzter
informieren Fernseher zusammen Handy
Meer Recycling Europa schwimmen Natur

4 Sortiere alle Lernwörter aus dem Wortschatz in einer Tabelle.

Mitsprechwörter	*Wörter mit schwieriger Stelle*
Medien	*schief*

Das Teuerste muss nicht immer das Beste sein

1 Sprecht über das Bild.

- Welche Produkte findet ihr teuer, welche günstig?
- Wieso sind die Preise ähnlicher Geräte so unterschiedlich?
- Findet Beispiele aus eurem Alltag, die zur Überschrift passen.

2 Mit Adjektiven kannst du vergleichen.
Wähle zehn Wörter aus und bilde alle drei Stufen. Schreibe so:

Grundstufe	*1. Vergleichsstufe*	*2. Vergleichsstufe*
teuer	*teurer*	*am teuersten*

teuer	lang	schief	gut	frisch	dünn	wild
nah	viel	süß	alt	jung	lieb	tief

3 Welche Adjektive kannst du in den Vergleichsstufen verwenden?
Überlege dir Beispielsätze. Welche Adjektive bleiben übrig? Warum?

deutlich | tot | grün | richtig | dreckig | leer

Lustig oder langweilig?

1 Welchen Standpunkt vertrittst du?
Ich finde Werbung ..., weil ...
Diskutiere über deine Meinung mit einem Partner.

2 Immer zwei Kinder sind unterschiedlicher Meinung.
Suche in den Sprechblasen nach Adjektiven,
die genau das Gegenteil bedeuten.

3 Finde auch zu diesen Adjektiven den Gegensatz.
Schreibe so: *weich – hart, ...*
Kontrolliere mit dem Wörterbuch.

hoch · weich · schwach · falsch · kurz

rechts · trocken · geschlossen · böse

dünn · früh · schlau · sauber · fern

Richtig schreiben

Werbung mit Pfiff und ß

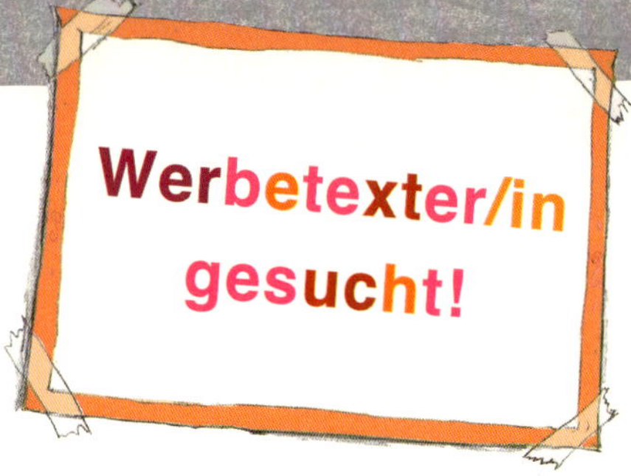

1 Denke dir für jedes Produkt einen guten Werbenamen aus. Gestalte einen Schriftzug in tollem Design.

2 Erfinde dazu Werbesprüche. Die Wörter auf der Säule helfen dir.

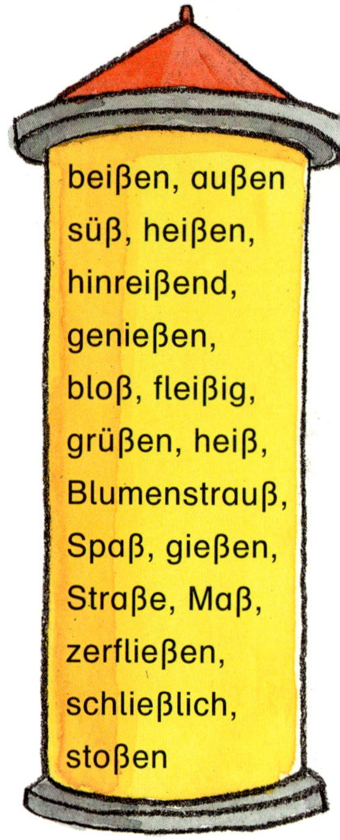

3 Verfasse einen Werbetext für:
- dein Lieblingsspielzeug,
- deine Lieblingssüßigkeit,
- dein Lieblingsbuch.

Versuche, den Kunden mit schmückenden Adjektiven und pfiffigen Sprüchen zu überzeugen.

4 Schreibe alle Wörter von der Säule richtig ab. Welche schwierige Stelle haben sie gemeinsam? Markiere.

5 Schreibe die Verben von der Säule in der Gegenwart und in der Vergangenheit auf. Schlage nach und schreibe so:
wir beißen – wir bissen, wir ...

6 Wieso wird bei einigen Verben in der Vergangenheit ß zu ss? Prüfe den Laut davor und markiere so: *wir beißen – wir bissen, wir ...*

Stolperstelle ß

1 Mit s oder ß? Schlage nach, wenn du unsicher bist. Schreibe den Text vollständig auf.

Seenot

„Er hat die Taschenlampe“, stotterte Bob. Sie rannten jetzt noch schneller. Mittlerweile kannten sie das Schiff recht gut. Immer weiter kämpften sie sich durch die dunklen Gänge. Doch ihre Verfolger waren ihnen dicht auf den Fersen.

„Da vorn geht's nach drau▢en“, stöhnte Bob. Atemlo▢ liefen sie weiter zum Heck. Gro▢e Blechplatten versperrten ihnen den Weg.

„Seht ihr die▢e wei▢e Tonne dort?“, schrie Bob gegen den Wind an. „Das ist eine Seenotrettungsin▢el. Wenn man die ins Wasser schmei▢t, pu▢tet sie sich von allein auf.“

Gemein▢am hoben sie die Tonne an. „Eins, zwei, drei und über Bord!“, rief Peter. ▢ekunden später war die Rettungsinsel aufgebla▢en. Zu allem entschlossen sprangen sie hinterher. Mit vereinten Kräften paddelten sie mit Händen und Fü▢en.

2 Schneide aus Zeitungen oder Zeitschriften mindestens zehn Wörter mit ß aus. Klebe sie in dein Heft und markiere die schwierige Stelle.

Wörter mit ß musst du dir gut merken..

3 Finde zu diesen Nomen ein passendes Adjektiv oder Verb. Denke bei den Wörtern mit gleichem Wortstamm auch an das ß.

das Maß — der Fleiß — der Gruß — die Größe — die Buße — der Stoß — der Spaß — die Süßigkeit

Schreibe so: *das Maß – mäßig, ...*

AH S. 63

Müll besser trennen!

1 Schaut euch diese Aufkleber für Mülltonnen an und überlegt gemeinsam:

- Wofür wird hier geworben?
- Wie gefällt euch die Werbung?
- Welche Arten von Mülltrennung kennt ihr?

2 An welchen Stellen dürfen die Wörter KLOROLLE, GRASHALM, KNOBLAUCH und GRILLASCHE getrennt werden? Warum?

3 Welche Regeln gelten beim Trennen von Wörtern? Setze die Satzteile sinnvoll zusammen.

Zwischen Silben …	… ck immer zusammen: De-ckel.
Einsilbige Wörter …	… lassen sich Wörter trennen: Kom-post.
Am Wortanfang und Wortende soll nie …	… darf man nicht trennen: Glas.
Achte bei zusammengesetzten Wörtern …	… ein Buchstabe allein abgetrennt werden.
Beim Trennen bleibt …	… zuerst auf die Wortgrenze: Milch-tü-te.
Wörter mit doppeltem Mitlaut …	… trennst du zwischen den zwei gleichen Buchstaben: Pap-pe.

Wörter richtig trennen

1 Welcher Müll gehört in die Papiertonne?
Schreibe die Wörter mit Trennstrich auf:
Zei-tung, ...

2 Trenne auch diesen Müll richtig.

Verpackung | Kunststoffflasche | Milchtüte | Plastiklöffel

Apfelkerne | Pappteller | Taschentücher | Blumenerde

Frischhaltefolie | Kartoffelschale | Paketschnur | Glasscherben

Schreibe so: *Ver-pa-ckung, ...*

3 Schreibe die Wörter richtig ab. Setze Bögen unter die Silben.
Welche Wörter kannst du nicht trennen? Hebe sie bunt hervor.
Flüssigkeit, Stück, ...

Aufgabe 2: Ver|pa|ckung, Kunst|stoff|fla|sche, Milch|tü|te, Plas|tik|löf|fel, Ap|fel|ker|ne, Papp|tel|ler, Ta|schen|tü|cher, Blu|men|er|de, Frisch|hal|te|fo|lie, Kar|tof|fel|scha|le, Pa|ket|schnur, Glas|scher|ben;
Aufgabe 3: Flüs|sig|keit, Tan|nen|zwei|ge, schme|cken, ver|brau|chen, wech|seln, ent|fer|nen, tren|nen, schmut|zig, tro|cken, vor|sich|tig

AH S. 64, 65

Der Herbst hat viele Farben

1 Beschreibt die Bilder ganz genau.

- Was ist abgebildet?
- Welche Farben seht ihr?
- Was braucht ihr, um ein ähnliches Bild herzustellen?

2 Gestalte selbst ein Bild aus Naturmaterialien.

3 Fotografiere dein Kunstwerk.

4 Macht eine Ausstellung eurer Fotos in der Schule.

5 Entwerft eine Einladung zu eurer Ausstellung.

Herbst-Rondell

Der Herbst ist schön.
Die Blätter der Bäume verfärben sich bunt.
Die Sonne verliert ihre Kraft.
Der Herbst ist schön.
Die Luft wird kälter.
Drachen steigen im Wind.
Der Herbst ist schön.
Die Blätter der Bäume verfärben sich bunt.

1 Lest euch das Gedicht gegenseitig vor.

2 Was fällt euch auf?
Wie ist das Herbst-Rondell aufgebaut?

3 Dichte dein eigenes Rondell.

- Schreibe fünf Sätze zum Herbst auf einzelne Satzstreifen.
- Suche zwei Sätze heraus, die dir besonders gut gefallen.
- Schreibe den einen davon noch zweimal, den anderen noch einmal auf Satzstreifen ab.
- Stelle mit diesen acht Satzstreifen dein Rondell zusammen und klebe es auf ein farbiges Blatt Papier.

4 Schreibe dein Herbst-Rondell noch einmal in besonders schöner Schrift ab und gestalte es.

AH S. 66

Lustige Früchtchen

Im Winter gibt es Orangen und Mandarinen.
Du kannst sie verkleiden und im Advent verschenken.

Material: Mandarinen, Orangen, eine Walnuss, ganze Gewürznelken, Buntpapier, Krepp-Papier, Filzstifte, Watte, Faden, Klebstoff, Zahnstocher, Streichhölzer, kleines Messer, Schere

Du brauchst:
eine Orange oder Mandarine,
Nelken, Buntpapier, Zahnstocher,
Streichhölzer, Schere, Klebstoff

Das musst du tun:
Schneide zuerst aus Buntpapier ...
Klebe dann die Papierteile ...
Bohre nun mit einem Zahnstocher ...
Drücke jetzt als Augen ...
Stecke zuletzt als Haare ...

1 Bastle selbst ein lustiges Früchtchen.

2 Schreibe anschließend dazu eine Bastelanleitung:
- Erkläre alle Arbeitsschritte in der richtigen Reihenfolge.
- Verwende Aufforderungssätze.

3 Lass deine Anleitung von einem Partner korrigieren.

4 Schicke deine Anleitung mit einem Brief an einen Freund oder eine Freundin.

→ Alles Wichtige zum Brief findest du auf Seite 49.

Die Farbe des Schnees

Einst wurden bei der Schöpfung der Erde alle Farben verteilt.
Nun kam noch der Schnee und bat auch um eine Farbe.
Er sollte sich eine Blume aussuchen, um von ihrer Farbe etwas abzubekommen.
Zuerst ging der Schnee zur roten Rose. Doch diese wollte sich nicht von einem kleinen Teil ihrer Farbenpracht trennen.
Da fragte der Schnee das kleine Veilchen nach etwas Blau.
Aber aus Furcht, dann etwas schlechter gesehen zu werden, gab es nichts von seiner Farbe ab.
Die Sonnenblume wollte weiterhin so schön strahlen und mit der Sonne verglichen werden. Daher wurde der Schnee auch nicht gelb.
Er bat die Blätter, ihm etwas Grün zu spenden, aber ohne Erfolg.
Da war der Schnee schon sehr traurig.
Er wollte nicht so farblos wie der Regen sein.
Doch plötzlich bot eine kleine, weiß blühende Blume ihre Farbe an.
Der Schnee freute sich und gab ihr den Namen Schneeglöckchen.
Seitdem ist der Schnee weiß und bedeckt zur Winterszeit alles, was grünt und blüht. Nur das Schneeglöckchen darf dann blühen.

1 Gestaltet ein Bild zu dieser Geschichte.

2 Versucht, die Geschichte zu spielen. Hier sind einige Ideen für euch.

Stellt die Geschichte als Pantomime mit farbigen Tüchern dar.

Gestaltet Figuren für ein Schattenspiel mit Transparentpapier.

Erfindet eine Klanggeschichte mit passenden Instrumenten.

Im Frühling

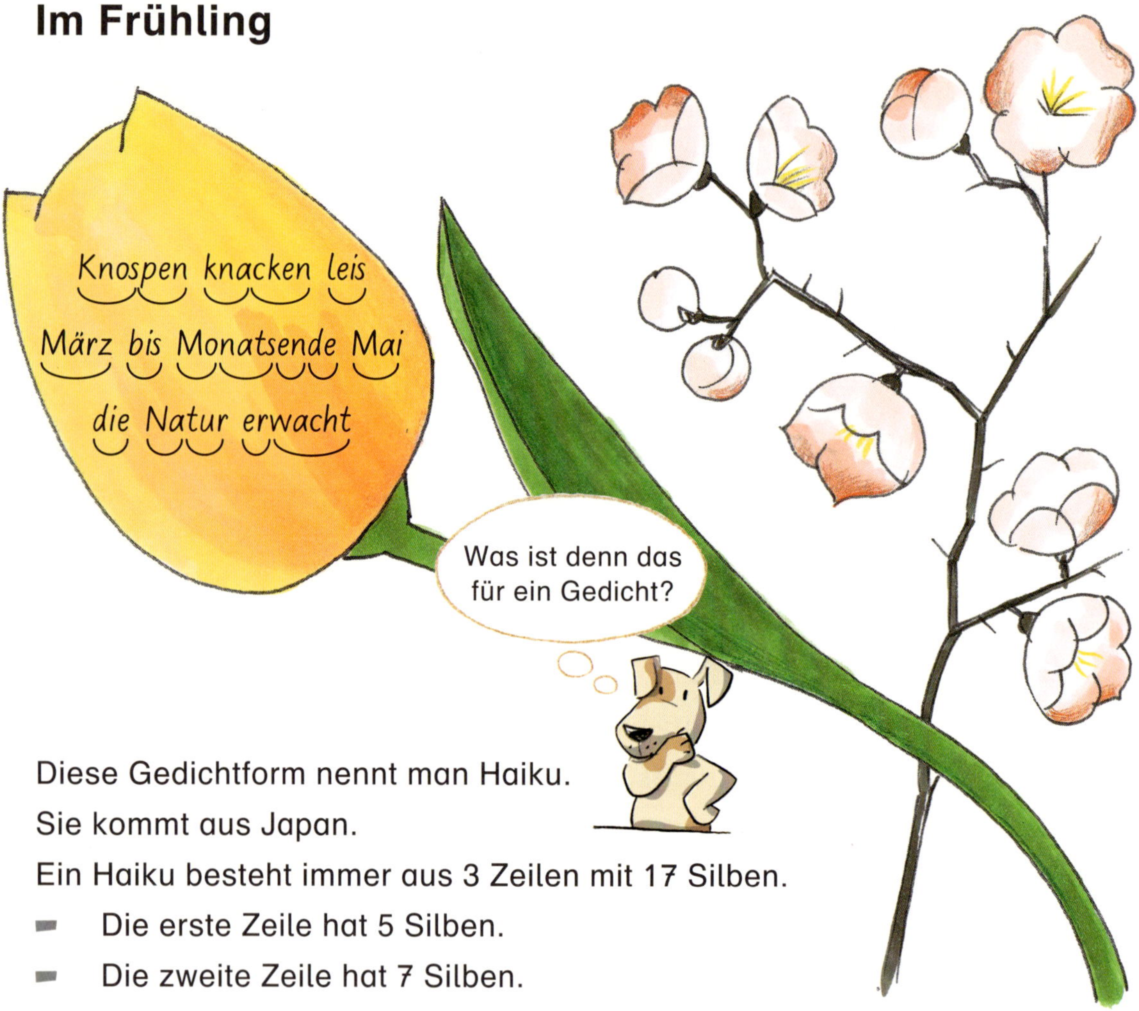

Diese Gedichtform nennt man Haiku.
Sie kommt aus Japan.
Ein Haiku besteht immer aus 3 Zeilen mit 17 Silben.

- Die erste Zeile hat 5 Silben.
- Die zweite Zeile hat 7 Silben.
- Die dritte Zeile hat 5 Silben.

1 Geht hinaus auf den Pausenhof, in den Wald oder auf eine Wiese. Schließt die Augen. Hört, spürt und riecht den Frühling.

2 Sammelt Frühlingswörter.

3 Schreibe selbst ein Frühlings-Haiku und gestalte ein Bild dazu.

4 Stellt eure Arbeiten in der Klasse aus.

AH S. 67

Frühlingserwachen im Ostermonat

Mein Monatsname
kommt vom lateinischen
Wort „aperire“. Das heißt „öffnen“.
Ein anderer, alter Name ist „Launing“.
Früher nannte man mich Ostermonat
Wer bin ich?

1 Besprich mit deinem Partner, welcher Monat gemeint ist.

2 Welche Eierschalen gehören zusammen?
Schreibe den gesamten Text in dein Heft.

3 Habt ihr Lust, Ostereier einmal mit Naturmaterialien zu färben?
Geht mit ausgeblasenen Eiern auf die Wiese oder in den Wald.
Wenn ihr sie mit Löwenzahnblüten oder Lehm einreibt,
bekommt ihr schöne Farben und Muster auf der Schale.

Mein Ferienbuch

Die Ferien rücken näher. Bestimmt hast du schon Pläne und wirst viel erleben.

1 Schreibe deine Ferienerlebnisse für dich und deine Mitschüler in einem Ferientagebuch auf. Das kannst du tun:

- Berichte über einen Ferientag, Ausflug oder Urlaub.
- Sammle Eintritts- oder Fahrkarten und klebe sie ein.
- Erzähle, welches Buch du gelesen hast.
- Schreibe ein Urlaubsrätsel.
- Klebe ein Foto ein, das dich bei deiner Lieblingsbeschäftigung zeigt.
- Suche dir einen Stein und lass ihn eine Geschichte erzählen.
- Mach einen Waldspaziergang und sammle Fundstücke. Vielleicht erzählen sie eine Geschichte.
- ...

2 Verwende für dein Ferienbuch ein Heft und gestalte es, wie es dir gefällt.
Nach den Ferien bringst du es wieder mit in die Schule.
Dann können alle darin schmökern.

Reisespiele

1 Was ist das Besondere an diesen Kennzeichen?
Finde weitere lustige Kennzeichen.

2 Aus welchen Städten kommen die Autos?
Die Internetseite www.autokennzeichen.info hilft dir.

3 Mit Autokennzeichen kannst du noch mehr Spiele spielen.
Erfinde zu den Kennzeichen lustige Sätze.

Schreibe so: *Unser Nachbar raucht Pfeife.*

4 Die Klasse 3b hat sich Reisespiele ausgedacht.
Erklärt sie und spielt sie in der Klasse.

Dänemark,	SONNTAGS	BARBARA
Kanada,	ANGELT	ERLEBT
Australien,	NORBERT	RICHTIGE
N…	DREI	LAMAS
	RIESIGE	IN
	AALE	NÜRNBERG

5 Schmuggelware! In diese Orte haben sich Wörter eingeschmuggelt.
Finde sie und suche weitere Orte mit versteckten Wörtern.

AH S. 68, 69

So geht's

Diskutieren lernen

Vitali wünscht sich ein Haustier.
Ein Leguan soll es sein.
Nach einem Besuch im Zoo bittet er seine Eltern, ihm zum nächsten Geburtstag einen Leguan zu schenken.
Seine Eltern sind von der Idee nicht sehr begeistert ...

1 Ist der Leguan ein passendes Haustier?
Sammelt Argumente, die dafür sprechen (PRO), und Argumente dagegen (KONTRA).
Stellt sie in einer Liste gegenüber.

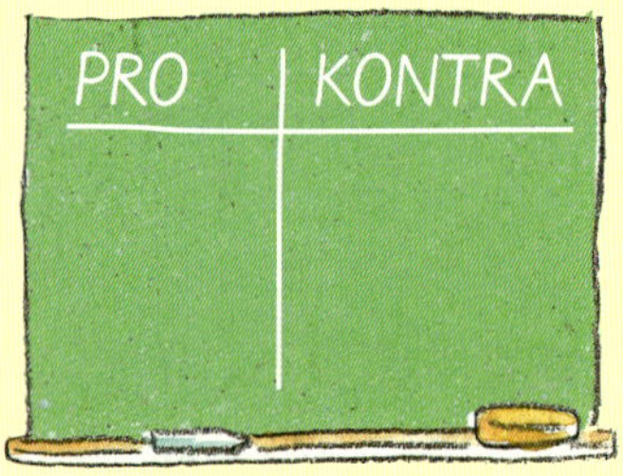

2 Welcher Meinung bist du?
Entscheide dich für eine Position.

3 Tauscht eure Argumente aus und tragt eure Meinungen vor.

So diskutiert ihr richtig:

1. Sammelt Argumente zum Thema (PRO/KONTRA).
2. Beachtet die Gesprächsregeln.
3. Schaut die anderen an, wenn ihr redet.
4. Geht auf bereits Gesagtes ein.
5. Setzt beim Sprechen Gesicht, Hände und Betonung ein.

4 Gestaltet ein eigenes Plakat für eure Klasse.

Miteinander diskutieren

- *Wir sammeln …*
- *…*

5 Wählt eine Situation aus und diskutiert darüber.

Viele Kinder kaufen und tauschen Sammelbilder. Was hältst du davon?

Fast alle Kinder bekommen Taschengeld. Viele kaufen sich davon Süßigkeiten. Findest du das gut?

?

Das Internet ist eine tolle Einrichtung, birgt aber auch Gefahren. Sollten Kinder Zugang zum Internet haben?

Ein eigener Fernseher im Zimmer ist eine tolle Sache für Kinder. Ist das so?

„Nur wer Markenkleidung trägt, ist cool.“ Was hältst du von dieser Aussage?

Wörterliste

A a

der **Abend**, die Abende
aber
acht
ähnlich, ähnlicher, am ähnlichsten
alle, alles
alt, älter, am ältesten
die **Ampel**, die Ampeln
anbeißen, er beißt an, er biss an, er hat angebissen
ändern, sie ändert, sie änderte
anders
die **Angst**, die Ängste
ängstlich, ängstlicher, am ängstlichsten
antworten, er antwortet, er antwortete
der **Apfel**, die Äpfel
der **April**
arbeiten, sie arbeitet, sie arbeitete
ärgern, er ärgert, er ärgerte
der **Arm**, die Arme
der **Arzt**, die Ärzte
die **Ärztin**, die Ärztinnen
der **Ast**, die Äste
die **Aufgabe**, die Aufgaben
aufstellen, er stellt auf, er stellte auf
aufwecken, sie weckt auf, sie weckte auf
das **Auge**, die Augen
der **August**
das **Auto**, die Autos

B b

das **Baby**, die Babys
baden, sie badet, sie badete
die **Bahn**, die Bahnen
der **Ball**, die Bälle
die **Bank**, die Bänke
der **Bauch**, die Bäuche
bauen, er baut, er baute
der **Baum**, die Bäume
beginnen, sie beginnt, sie begann, sie hat begonnen
das **Bein**, die Beine
das **Beispiel**, die Beispiele
der **Beruf**, die Berufe
beschreiben, er beschreibt, er beschrieb, er hat beschrieben
besser, am besten
bewegen, sie bewegt, sie bewegte
bezahlen, er bezahlt, er bezahlte
die **Biene**, die Bienen
das **Bild**, die Bilder
die **Birne**, die Birnen
bitten, sie bittet, sie bat, sie hat gebeten
das **Blatt**, die Blätter
blau
bleiben, er bleibt, er blieb, er ist geblieben
der **Blick**, die Blicke
blind
blitzen, es blitzt, es blitzte
der **Blizzard**
die **Blume**, die Blumen
blühen, sie blüht, sie blühte
der **Boden**, die Böden
böse, böser, am bösesten
braun
der **Brief**, die Briefe
die **Brille**, die Brillen
bringen, er bringt, er brachte, er hat gebracht
das **Brot**, die Brote
das **Brötchen**, die Brötchen
die **Brücke**, die Brücken
der **Bruder**, die Brüder
das **Buch**, die Bücher
der **Buchstabe**, die Buchstaben
bunt, bunter, am buntesten
der **Busch**, die Büsche

C c

der **Cent**, die Cents
der **Christbaum**, die Christbäume
der **Clown**, die Clowns
der **Computer**, die Computer

D d

danken, sie dankt, sie dankte
dann
denken, er denkt, er dachte, er hat gedacht
denn
deutsch
Deutschland
der **Dezember**
dick, dicker, am dicksten
der **Dienstag**
dir
donnern, es donnert, es donnerte
der **Donnerstag**
dreckig, dreckiger, am dreckigsten
drei
dunkel, dunkler, am dunkelsten
durstig, durstiger, am durstigsten

E e

ehrlich, ehrlicher, am ehrlichsten

das **Ei**, die Eier
eigentlich
eins
elf
die **Eltern**
empfinden, sie empfindet, sie empfand, sie hat empfunden
das **Ende**, die Enden
eng, enger, am engsten
entdecken, er entdeckt, er entdeckte
die **Ente**, die Enten
die **Entfernung**, die Entfernungen
entwickeln, sie entwickelt, sie entwickelte
die **Entwicklung**, die Entwicklungen
die **Erde**
erfinden, er erfindet, er erfand, er hat erfunden
die **Erfindung**, die Erfindungen
erklären, sie erklärt, sie erklärte
die **Erlaubnis**
erleben, er erlebt, er erlebte
das **Erlebnis**, die Erlebnisse
erzählen, sie erzählt, sie erzählte
essen, sie isst, sie aß, sie hat gegessen
die **Eule**, die Eulen
der **Euro**, die Euros
Europa

F f

fahren, er fährt, er fuhr, er ist gefahren
fallen, sie fällt, sie fiel, sie ist gefallen
die **Familie**, die Familien
fangen, er fängt, er fing, er hat gefangen
der **Februar**
fein, feiner, am feinsten
das **Feld**, die Felder
das **Fenster**, die Fenster
die **Ferien**
der **Fernseher**, die Fernseher
fertig
feucht, feuchter, am feuchtesten
die **Fichte**, die Fichten
finden, sie findet, sie fand, sie hat gefunden
der **Finger**, die Finger
die **Fledermaus**, die Fledermäuse
fleißig, fleißiger, am fleißigsten
fliegen, er fliegt, er flog, er ist geflogen
fließen, sie fließt, sie floss, sie ist geflossen
der **Flügel**, die Flügel
das **Flugzeug**, die Flugzeuge
flüssig, flüssiger, am flüssigsten
flüstern, er flüstert, er flüsterte
fragen, sie fragt, sie fragte
die **Frau**, die Frauen
der **Freitag**
fremd, fremder, am fremdesten
der **Fremde**, die Fremden
die **Freude**
sich **freuen**, er freut sich, er freute sich
der **Freund**, die Freunde
die **Freundin**, die Freundinnen
frisch, frischer, am frischesten
fröhlich, fröhlicher, am fröhlichsten
die **Frucht**, die Früchte
der **Frühling**
der **Fuchs**, die Füchse
fühlen, sie fühlt, sie fühlte
führen, er führt, er führte
füllen, sie füllt, sie füllte
der **Füller**, die Füller
fünf
der **Fuß**, die Füße

G g

ganz
der **Garten**, die Gärten
das **Gebäude**, die Gebäude
geben, er gibt, er gab, er hat gegeben
gefährlich, gefährlicher, am gefährlichsten
der **Gegenstand**, die Gegenstände
geheim, geheimer, am geheimsten
gehen, sie geht, sie ging, sie ist gegangen
gelb
das **Geld**
das **Gemüse**
genießen, er genießt, er genoss, er hat genossen
der **Geruch**, die Gerüche
das **Geschäft**, die Geschäfte
das **Gesicht**, die Gesichter
gestern
gesund, gesünder, am gesündesten
das **Gewächs**, die Gewächse
das **Gewitter**, die Gewitter
gießen, sie gießt, sie goss, sie hat gegossen
glatt, glatter, am glattesten

glücklich, glücklicher, am glücklichsten
das **Gras**, die Gräser
groß, größer, am größten
grün
grüßen, er grüßt, er grüßte
gut, besser, am besten

Hh

das **Haar**, die Haare
haben, er hat, er hatte, er hat gehabt
der **Hals**, die Hälse
halten, sie hält, sie hielt, sie hat gehalten
die **Hand**, die Hände
das **Handy**, die Handys
hart, härter, am härtesten
der **Hase**, die Hasen
das **Haus**, die Häuser
die **Haut**, die Häute
die **Hecke**, die Hecken
heiß, heißer, am heißesten
heißen, er heißt, er hieß, er hat geheißen
helfen, sie hilft, sie half, sie hat geholfen
hell, heller, am hellsten
das **Hemd**, die Hemden
der **Herbst**
der **Herr**, die Herren
herstellen, er stellt her, er stellte her
heute
die **Hexe**, die Hexen
hier
die **Hilfe**
der **Himmel**
hoffentlich
die **Höhe**, die Höhen
die **Höhle**, die Höhlen
hören, er hört, er hörte
die **Hose**, die Hosen
der **Hund**, die Hunde
hundert
hungrig, hungriger, am hungrigsten

Ii

die **Idee**, die Ideen
der **Igel**, die Igel
ihm
ihn, ihnen
ihr, ihre
immer
impfen, sie impft, sie impfte
informieren, er informiert, er informierte
interessant, interessanter, am interessantesten
das **Interesse**, die Interessen

Jj

das **Jahr**, die Jahre
der **Januar**
der **Jazz**
der **Juli**
der **Junge**, die Jungen
der **Juni**

Kk

der **Kaffee**
der **Käfer**, die Käfer
der **Kalender**, die Kalender
kalt, kälter, am kältesten
die **Kälte**
der **Karton**, die Kartons
die **Katze**, die Katzen
kaufen, sie kauft, sie kaufte
kennen, er kennt, er kannte, er hat gekannt
das **Kind**, die Kinder
die **Kiste**, die Kisten
die **Klasse**, die Klassen
der **Klee**
das **Kleid**, die Kleider
klein, kleiner, am kleinsten
kommen, er kommt, er kam, er ist gekommen
können, sie kann, sie konnte
der **Kopf**, die Köpfe
der **Körper**, die Körper
kratzen, er kratzt, er kratzte
krank, kränker, am kränksten
das **Kraut**, die Kräuter
die **Kreuzung**, die Kreuzungen
die **Kuh**, die Kühe

Ll

das **Land**, die Länder
der **Lärm**
das **Laub**
laufen, er läuft, er lief, er ist gelaufen
laut, lauter, am lautesten
leben, sie lebt, sie lebte
legen, er legt, er legte
der **Lehrer**, die Lehrer
die **Lehrerin**, die Lehrerinnen
leicht, leichter, am leichtesten
leise, leiser, am leisesten
lernen, sie lernt, sie lernte
lesen, er liest, er las, er hat gelesen
letzte, letzter, letztes
die **Leute**
das **Lexikon**, die Lexika

das **Licht**, die Lichter
lieb, lieber, am liebsten
lieben, sie liebt, sie liebte
liegen, er liegt, er lag, er hat gelegen
der **Lohn**, die Löhne

Mm

machen, sie macht, sie machte
das **Mädchen**, die Mädchen
der **Mai**
malen, er malt, er malte
man
der **Mann**, die Männer
der **März**
die **Maschine**, die Maschinen
die **Maus**, die Mäuse
das **Medium**, die Medien
das **Meer**, die Meere
die **Minute**, die Minuten
mir
der **Mittag**
der **Mittwoch**
der **Monat**, die Monate
der **Montag**
das **Moos**
morgen
der **Mozzarella**
der **Müll**
der **Mund**, die Münder
müssen, sie muss, sie musste
die **Mutter**, die Mütter

Nn

nachschlagen, er schlägt nach, er schlug nach, er hat nachgeschlagen
die **Nacht**, die Nächte
nähen, sie näht, sie nähte
die **Nähmaschine**, die Nähmaschinen
die **Naht**, die Nähte
der **Name**, die Namen
die **Nase**, die Nasen
der **Nasenbär**, die Nasenbären
nass, nasser, am nassesten
die **Natur**
der **Nebel**, die Nebel
nehmen, sie nimmt, sie nahm, sie hat genommen
neu, neuer, am neusten
neun
nie
der **November**
die **Nuss**, die Nüsse
nützlich, nützlicher, am nützlichsten

Oo

das **Obst**
ohne
das **Ohr**, die Ohren
der **Oktober**
der **Onkel**, die Onkel
Ostern

Pp

das **Päckchen**, die Päckchen
packen, sie packt, sie packte
das **Paket**, die Pakete
das **Papier**, die Papiere
das **Pferd**, die Pferde
pflanzen, er pflanzt, er pflanzte
pflegen, sie pflegt, sie pflegte
die **Pfütze**, die Pfützen
der **Pilz**, die Pilze
die **Pizza**, die Pizzas
der **Platz**, die Plätze
plötzlich
die **Pommes**
produzieren, er produziert, er produzierte
die **Puppe**, die Puppen

Qu qu

das **Quadrat**, die Quadrate
quaken, er quakt, er quakte

Rr

die **Raupe**, die Raupen
rechnen, sie rechnet, sie rechnete
das **Recycling**
reden, er redet, er redete
der **Regen**
regnen, es regnet, es regnete
reich, reicher, am reichsten
reisen, sie reist, sie reiste
rennen, er rennt, er rannte, er ist gerannt
richtig, richtiger, am richtigsten
riechen, es riecht, es roch, es hat gerochen
der **Rock**, die Röcke
rollen, er rollt, er rollte
rot
der **Rücken**, die Rücken
rufen, sie ruft, sie rief, sie hat gerufen
ruhig, ruhiger, am ruhigsten

Ss

der **Saft**, die Säfte
sagen, er sagt, er sagte
das **Salz**

sammeln, sie sammelt, sie sammelte
der **Samstag**
der **Sand**
sandig, sandiger, am sandigsten
der **Satz**, die Sätze
schauen, sie schaut, sie schaute
scheinen, er scheint, er schien, er hat geschienen
schief, schiefer, am schiefsten
der **Schalter**, die Schalter
die **Schere**, die Scheren
schlafen, sie schläft, sie schlief, sie hat geschlafen
schlagen, er schlägt, er schlug, er hat geschlagen
schließlich
schmecken, es schmeckt, es schmeckte
der **Schmetterling**, die Schmetterlinge
schmutzig, schmutziger, am schmutzigsten
der **Schnee**
schneiden, sie schneidet, sie schnitt, sie hat geschnitten
schnell, schneller, am schnellsten
schön, schöner, am schönsten
der **Schreck**
schreiben, er schreibt, er schrieb, er hat geschrieben
schreien, sie schreit, sie schrie, sie hat geschrien
der **Schuh**, die Schuhe
die **Schule**, die Schulen
der **Schutz**
schwarz
die **Schwester**, die Schwestern
schwierig, schwieriger, am schwierigsten
die **Schwierigkeit**, die Schwierigkeiten
schwimmen, er schwimmt, er schwamm, er ist geschwommen
sechs
sehen, er sieht, er sah, er hat gesehen
sehr
die **Seife**, die Seifen
seit
die **Sekunde**, die Sekunden
der **September**
sieben
singen, sie singt, sie sang, sie hat gesungen
sie **sind**, sie waren, sie sind gewesen
der **Sinn**, die Sinne
sitzen, er sitzt, er saß, er hat gesessen
die **Skizze**, die Skizzen
der **Sohn**, die Söhne
sollen, sie soll, sie sollte
der **Sommer**
die **Sonne**
der **Sonntag**
die **Spagetti**
sparen, er spart, er sparte
der **Spaß**, die Späße
spät, später, am spätesten
der **Spaziergang**, die Spaziergänge
spazieren gehen, sie geht spazieren, sie ging spazieren, sie ist spazieren gegangen
das **Spiel**, die Spiele
spielen, er spielt, er spielte
das **Spielzeug**, die Spielzeuge
spitz, spitzer, am spitzesten
der **Sport**
spritzen, sie spritzt, sie spritzte
der **Sprung**, die Sprünge
die **Stadt**, die Städte
der **Stapel**, die Stapel
die **Stange**, die Stangen
der **Stängel**, die Stängel
stehen, er steht, er stand, er ist gestanden
stellen, sie stellt, sie stellte
der **Stempel**, die Stempel
steuern, er steuert, er steuerte
der **Stift**, die Stifte
still, stiller, am stillsten
die **Stirn**
der **Stoff**, die Stoffe
der **Strand**, die Strände
die **Straße**, die Straßen
der **Strauch**, die Sträucher
strömen, sie strömt, sie strömte
der **Stuhl**, die Stühle
die **Stunde**, die Stunden
stürmisch, stürmischer, am stürmischsten
suchen, er sucht, er suchte
süß, süßer, am süßesten

Tt

der **Tag**, die Tage
die **Tante**, die Tanten
die **Tasche**, die Taschen
die **Technik**, die Techniken
der **Teddy**, die Teddys
der **Tee**
das **Telefon**, die Telefone
die **Temperatur**,

die Temperaturen
der **Text**, die Texte
das **Theater**, die Theater
das **Thermometer**, die Thermometer
das **Tier**, die Tiere
die **Tochter**, die Töchter
tragen, sie trägt, sie trug, sie hat getragen
der **Traum**, die Träume
träumen, er träumt, er träumte
treffen, sie trifft, sie traf, sie hat getroffen
trinken, er trinkt, er trank, er hat getrunken
turnen, sie turnt, sie turnte

Uu

üben, er übt, er übte
die **Uhr**, die Uhren
und
der **Unterricht**
der **Urlaub**

Vv

der **Vater**, die Väter
vergessen, sie vergisst, sie vergaß, sie hat vergessen
der **Verkehr**
verletzen, er verletzt, er verletzte
die **Verletzung**, die Verletzungen
verlieren, sie verliert, sie verlor, sie hat verloren
die **Verpackung**, die Verpackungen
die **Verschmutzung**, die Verschmutzungen
versuchen, sie versucht, sie versuchte
viel, mehr, am meisten
vier
der **Vogel**, die Vögel
die **Vorfahrt**
vorsichtig, vorsichtiger, am vorsichtigsten

Ww

die **Waage**, die Waagen
wachsen, sie wächst, sie wuchs, sie ist gewachsen
während
der **Wald**, die Wälder
wann
warm, wärmer, am wärmsten
die **Wärme**
warten, er wartet, er wartete
waschen, sie wäscht, sie wusch, sie hat gewaschen
das **Wasser**
wechseln, er wechselt, er wechselte
der **Weg**, die Wege
Weihnachten
weiß
weit, weiter, am weitesten
wenn
werden, er wird, er wurde, er ist geworden
das **Wetter**
wieder
die **Wiese**, die Wiesen
wild, wilder, am wildesten
der **Wind**, die Winde
der **Winter**
wir
die **Woche**, die Wochen
wohnen, sie wohnt, sie wohnte
wollen, er will, er wollte
das **Wort**, die Wörter
wünschen, sie wünscht, sie wünschte
die **Wurzel**, die Wurzeln

Zz

die **Zahl**, die Zahlen
zählen, er zählt, er zählte
der **Zahn**, die Zähne
die **Zehe**, die Zehen
zehn
zeigen, sie zeigt, sie zeigte
die **Zeit**, die Zeiten
zerfließen, er zerfließt, er zerfloss, er ist zerflossen
das **Ziel**, die Ziele
zielen, sie zielt, sie zielte
das **Zimmer**, die Zimmer
der **Zucker**
zusammen
zwei
die **Zwiebel**, die Zwiebeln
zwölf

	Sprechen und Zuhören	Schreiben / Texte verfassen
A wie Anfang S. 4–15	Über verschiedene Spiele sprechen **(4–5)**; sich über Spielregeln informieren **(6)**; das Wortarten-Spiel spielen **(6)**; Lieblingsspiele spielen **(11)**; Musikklänge beschreiben **(12)**	Über Lieblingsspiele schreiben **(5)**; Spielkarten für das Wortarten-Spiel erstellen **(6)**; lustige Schreibspiele **(10)**; eine Spielanleitung schreiben und in der Schreibkonferenz überarbeiten **(11)**
Ich und die anderen S. 16–27	Über die Klassensprecherwahl sprechen **(16)**; über Streit sprechen und eigene Lösungen vorspielen **(19)**; klasseneigene Regeln entwickeln **(20)**; eine Bildergeschichte erzählen und mit Instrumenten vertonen **(24)**	Klasseneigene Regeln aufschreiben und dazu Plakate gestalten **(20)**; ein Klassentagebuch anlegen **(20)**; eine Freizeitgeschichte schreiben **(21)**; ein Geschichtenbuch anlegen **(21)**; eine Bildergeschichte – auch am PC – schreiben und in der Schreibkonferenz überarbeiten **(25)**
Wald erleben S. 28–41	Über die Erstellung von Expertenmappen sprechen **(28–29)**; über Merkmale und Funktion eines Steckbriefs sprechen **(32)**; Vortragsregeln entwickeln **(33)**; einen Steckbrief vortragen **(33)**	Gemeinsam in der Klasse eine Wald-Expertenmappe erstellen **(30–31)**; einen Steckbrief zur Fledermaus nach Vorgaben schreiben **(32)**; einen eigenen Steckbrief zu einem Waldtier verfassen **(32)**; Vortragsregeln aufschreiben und dazu ein Plakat gestalten **(33)**; das Wald-Experiment beschreiben **(39)**; Quizfragen zu Wörtern mit x-Laut erstellen **(41)**
Unsere Heimat – unsere Welt S. 42–53	Meinung äußern und begründen **(42)**; eine Situation aus dem Einstiegsbild nachspielen **(42)**; über die eigene Wohngegend sprechen **(43)**; sprachliche Gestaltungsmittel erproben **(46)**; über Schule in anderen Ländern sprechen **(48–49)**; über Geburtstagsbräuche sprechen **(50)**	Gesprächssituation aus dem Einstiegsbild gestalten und als Comic fortsetzen **(43)**; zur eigenen Straße schreiben und malen **(44)**; einen Antwortbrief verfassen und in der Schreibkonferenz – auch am PC – überarbeiten **(49)**; eine Einladung nach Vorgaben schreiben **(53)**; ein Plakat für ein Nachbarschaftsfest gestalten **(53)**
Arbeiten und erfinden S. 54–65	Über heutige und frühere Berufe sprechen und sich informieren **(54–55)**; ein Interview zu Berufen vorbereiten und führen **(61)**; über Berufe berichten **(63)**	Eine Expertenmappe zum Thema „Berufe früher" erstellen **(55)**; Interviewfragen zum Thema „Berufe" aufschreiben **(61)**; einen vorgegebenen Bericht über einen Beruf in der Schreibkonferenz überarbeiten **(62)**; einen eigenen Bericht zu einem Beruf verfassen **(63)**; eine Wandzeitung zu Berufen gestalten **(63)**; Rätsel zu Berufen erfinden **(63)**
Fantasiewelten S. 66–75	Über das Traumland „Farbtasia" sprechen **(66–67)**; über das eigene Traumland sprechen **(66)**; eine Fantasiegeschichte zum eigenen Traumland erzählen **(72)**; eine „Farbtasia"-Situation szenisch nachspielen **(73)**; ein Gespräch mit verteilten Rollen spielen **(75)**	Ein eigenes Traumland beschreiben **(66)**; eine Fantasiegeschichte zu einem vorgegebenen Anfang weiterschreiben **(68)**; eine Fantasiegeschichte zum eigenen Traumland verfassen und in der Schreibkonferenz überarbeiten **(72)**

Schreiben / Richtig schreiben	**Sprache und Sprachgebrauch untersuchen / Sprachbewusstsein entwickeln**
Lernwörter üben (**7**); Wörter nachschlagen (**8–9**); Wörter nach dem ABC ordnen (**8–9**); richtig abschreiben (**9**); grundlegende Rechtschreibstrategien wiederholen: mitsprechen, nachdenken, merken (**13**); langer und kurzer Selbstlaut/Umlaut (**14**); Wörter mit doppeltem Mitlaut (**15**)	Wortarten wiederholen: Nomen, Artikel, Verb, Adjektiv (**7**); das ABC als Ordnungssystem nutzen (**8–9**); mit Teekesselchen-Begriffen spielen (**12**)
Lernwörter üben (**21**); Texte richtig abschreiben (**26**); Fehler finden und verbessern (**26**); Nomen und Satzanfänge großschreiben (**27**)	Wiederholung: Funktion der Wortart Adjektiv (**16–17**); abstrakte Nomen kennenlernen (**18, 23**); die Wortart Pronomen in ihrer Funktion kennenlernen (**22–23**)
Lernwörter üben (**31**); Wörter mit x-Laut (**40–41**)	Wortfeld „sehen" (**34–35**); weitere Wortfelder für das „Waldfüchsespiel" erarbeiten (**35**); Adjektive steigern (**36, 39**); Vergleiche mit „wie" und „als" (**37**); zusammengesetzte Adjektive in ihre Bestandteile gliedern (**38**); die Funktion zusammengesetzter Adjektive untersuchen (**38**)
Satzzeichen wiederholen: Punkt, Fragezeichen, Ausrufezeichen (**45, 51**); Satzanfänge großschreiben (**45**); Lernwörter üben (**49**); Höflichkeitspronomen großschreiben (**52–53**)	Aussagesätze und Fragesätze (**45, 51**); Sätze aus Wörtern bauen (**45**); Aufforderungssätze (**46, 51**); Sinnbetonung im Satz (**47, 51**); Glückwünsche zum Geburtstag und weitere Wörter in anderen Sprachen kennenlernen (**50**); Höflichkeitspronomen und ihre Funktion kennenlernen (**52–53**)
Texte über die vorindustrielle Arbeitswelt richtig abschreiben (**56–57**); Lernwörter üben (**63**); Wörter mit ck (**64**); Silbentrennung bei Wörtern mit ck (**64**); Wörter nachschlagen (**64**); Wörter mit silbentrennendem h (**65**);	Verb in Gegenwart und einfacher Vergangenheit (**56–57, 60**); aus Wortbausteinen Wörter mit dem Wortstamm „BACK/BÄCK" bilden (**58**); weitere Wortfamilien und ihre Wortstämme finden (**59**)
Zeichensetzung bei der wörtlichen Rede (Doppelpunkt, Redezeichen) (**71, 74–75**); Lernwörter üben (**72**)	Verb in Gegenwart, einfacher und zusammengesetzter Vergangenheit (**68–69, 74**); die Funktion der einfachen und zusammengesetzten Vergangenheit untersuchen (**68–69, 74**); Wortfeld „sagen" (**70**); wörtliche Rede mit vorangestelltem Redebegleitsatz (**71, 74–75**)

	Sprechen und Zuhören	Schreiben / Texte verfassen
Energie und Umwelt S. 76–89	Anhand der Müllkunst-Fotos über Umweltschutz sprechen **(76–77)**; über Energieerzeugung sprechen und über den eigenen Energieverbrauch nachdenken **(78, 88)**; sich über Begriffe informieren **(80)**; eine Fortsetzungsgeschichte zu Bild- und Textvorgaben erzählen **(80–81)**; eine eigene Fortsetzungsgeschichte erzählen **(83)**; über die Feuerwehr sprechen **(85)**	Passende Bildtitel zu Müllkunst-Fotos finden **(76–77)**; Sätze zum Energiesparen schreiben **(79)**; eine Fortsetzungsgeschichte zu Bild- und Textvorgaben schreiben und in der Schreibkonferenz überarbeiten **(83)**; ein Plakat mit V/v-Wörtern gestalten **(87)**; lustige Sätze mit tz-Wörtern erfinden **(89)**
Ich und mein Körper S. 90–101	Über den Sinnesparcours sprechen **(90–91)**; einen eigenen Sinnesparcours planen **(92)**; über optische Täuschungen sprechen **(94)**; über die Blindenschrift sprechen **(95)**; Bewegungsmöglichkeiten in der Pause beschreiben **(96)**; über Pausenunfälle sprechen **(98)**; Vorschläge für Hilfsmaßnahmen sammeln und vorführen **(98)**	Sinneswahrnehmungen und Sinnesorgane einander zuordnen **(90–91)**; die Anleitung zu einer Station des Sinnesparcours – auch am PC – schreiben und in der Schreibkonferenz überarbeiten **(92)**; eine Einladung zum Sinnesparcours gestalten **(92)**; optische Täuschungen beschreiben **(94)**; Expertenmappen zu den Themen „optische Täuschungen“ und „Erste Hilfe“ erstellen **(94, 98)**
Gestern, heute und morgen S. 102–113	Über Erfindungen und Erfinder sprechen **(102–103, 112)**; einen Sachtext zu Margarete Steiff zusammenfassen **(104)**; sich über Begriffe informieren **(104)**; eine Erlebnisgeschichte zu einer Bildvorgabe erzählen **(106)**	Eine Wunsch-Erfindung beschreiben **(103)**; eine Expertenmappe zum Thema „Erfindungen“ erstellen **(103)**; eine eigene Erlebnisgeschichte zum Lieblingsspielzeug planen, schreiben und in der Schreibkonferenz überarbeiten **(106–107)**; einen vorgegebenen Text verbessern **(107)**
Reisen und Verkehr S. 114–125	Von eigenen Erfahrungen in einem großen Bahnhof berichten **(114-115)**; U-Bahn-Plan verstehen und Fragen dazu beantworten **(117)**; ausgehend von einem Gedicht über Gefühle sprechen **(120)**; von eigenen Reiseerlebnissen erzählen **(121)**	Piktogramme erklären **(115)**; Ausrufe und Redewendungen zu Gefühlen auf Plakaten sammeln **(120)**; eine Erlebnisgeschichte zum Thema „Reisen“ planen, verfassen und in der Schreibkonferenz überarbeiten **(121)**; Sätze oder eine Geschichte aus Wörtern mit Dehnungs-h schreiben **(123)**
Die Welt der Medien S. 126–139	Über einen Tim-und-Struppi-Comic sprechen **(126)**; über verschiedene Textsorten sprechen **(127)**; über Werbung und ihren Einfluss sprechen **(128–129, 131)**; Medien-Rätsel stellen **(130)**; über Vor- und Nachteile von Medien diskutieren **(130)**; Werbesprache untersuchen **(131)**; über Preise und Angebote sprechen **(134)**; über Werbung diskutieren **(135)**; über Mülltrennung sprechen **(138)**	Den Tim-und-Struppi-Comic fortsetzen **(127)**; einen eigenen Comic gestalten **(127)**; einen Steckbrief zu einem Text verfassen **(127)**; eine Expertenmappe zum Thema „Comics, Bücher & Co“ erstellen **(127)**; ein Plakat zu Werbemotiven gestalten **(128)**; Werbesprüche sammeln **(131)**; eine Werbe-Collage gestalten **(131)**; ein Plakat zum Wortfeld „schön“ gestalten **(133)**; Werbesprüche erfinden **(136)**; einen Werbetext – auch am PC – verfassen **(136)**
Jahreskreis S. 140–147	Herbstbilder beschreiben **(140)**; den Aufbau eines Rondells untersuchen **(141)**; eine Wintergeschichte szenisch spielen **(143)**; Aprilrätsel lösen **(145)**; Reisespiele (Wortkette, Akrostichon) spielen **(147)**	Eine Einladung zu einer Herbstbilder-Ausstellung schreiben **(140)**; ein eigenes Herbst-Rondell verfassen und gestalten **(141)**; eine Bastelanleitung schreiben **(142)**; einen Brief verfassen **(142)**; ein Frühlings-Haiku schreiben und gestalten **(144)**; ein Ferienbuch anlegen **(146)**; lustige Sätze zu Autokennzeichen schreiben **(147)**
So geht's S. 148–149	Arbeitstechnik: Diskussion **(148–149)**	

Schreiben / Richtig schreiben	**Sprache und Sprachgebrauch untersuchen / Sprachbewusstsein entwickeln**
Wortbausteine – Vorsilben **(78–79, 86)**; Lernwörter üben **(83)**; Wortbausteine – Nachsilben **(84–86)**; Wörter mit vor- und ver- **(87)**; Wörter mit tz **(88–89)**; Silbentrennung bei Wörtern mit tz **(89)**	Wörter mit Vorsilben in ihre Bestandteile zerlegen und zusammensetzen **(78–79, 86–87)**; aus Satzbausteinen Sätze bauen **(82)**; Sätze umstellen **(82)**; mit Nachsilben (-ung, -heit, -keit, -nis) Nomen bilden **(84–86)**
Wortbausteine – Nachsilben **(93)**; Lernwörter üben **(93)**; Wörter nachschlagen **(93)**; Wörter in Blindenschrift entziffern und schreiben **(95)**; Verlängern: Wörter mit Auslautverhärtung **(99)**; Ableiten: Wörter mit ä und äu **(100–101)**	Mit Nachsilben (-ig, -lich) Adjektive bilden **(93)**; Wortfeld „gehen" **(96–97)**; Wortfelder sortieren **(97)**
Lernwörter üben **(105)**; Wörter mit langem i-Laut **(113)**	Zeitformen wiederholen: Gegenwart, einfache und zusammengesetzte Vergangenheit **(104–105)**; Satzglieder durch Umstellprobe abgrenzen **(108, 111–112)**; Subjekt und Prädikat **(109–112)**
Zusammengesetzte Nomen großschreiben **(116)**; zusammengesetzte Adjektive kleinschreiben **(119)**; Text zum Thema „Bahnfahrt" richtig abschreiben **(122)**; Lernwörter üben **(122)**; Wörter mit Dehnungs-h **(123)**; Rechtschreibprobleme in der Fuge zusammengesetzter Wörter (Fugen-s, zwei gleiche Mitlaute, Lautverhärtung) **(124–125)**	Zusammengesetzte Nomen finden, bilden und zerlegen **(115–116)**; zusammengesetzte Adjektive finden, zerlegen und bilden **(118–119)**; die Funktion und Bedeutung zusammengesetzter Adjektive untersuchen **(118–119)**; Wortfamilie „fahren" **(122)**
Text zum Thema „Urlaub" richtig abschreiben und den Wortschatz überarbeiten **(133)**; Lernwörter üben **(133)**; Wörter mit ß **(136–137)**; Silbentrennung **(138–139)**	Die Bedeutung von Fremdwörtern untersuchen **(129–130)**; Wortfeld „schön" **(132–133)**; Wiederholung: Adjektive steigern **(134)**; Gegensatzpaare suchen **(135)**
Text zum April richtig abschreiben **(145)**	Eine Wörtersammlung zum Frühling anlegen **(144)**; Wörter in Autokennzeichen entdecken **(147)**; Wörter in Ortsschildern finden **(147)**

Text- und Bildquellen

S. 32: blickwinkel. **S. 37:** (1) Michael Nitsche/fotolia; (2) Picture Press/M. Danegger. **S. 44:** Texte und Illustration: Kinderstrasse e. V. (www.kinderstrasse.com). **S. 48:** (1) raoulgalop/fotolia; (2–5) Katharina Wezel. **S. 50:** Geburtstagskanon, Text und Melodie: Walther Engel, Bildungshaus Schulbuchverlage Westermann Schroedel Diesterweg Schöningh Winklers GmbH. **S. 51:** (1) mauritius images/imagebroker; (2) Stefan Richter/fotolia; (3) Wogi/fotolia. **S. 53:** Foto: Katharina Wezel. **S. 54:** (1) Komogorov/fotolia; (2) mauritius-images/Juice images; (3) Caro/Hoffmann; (4) denkou images/F1online; (5) A1Pix/AAC; (6) iofoto/fotolia; (7) Carsten Steps/fotolia; (8) Caro/Trappe. **S. 55:** (1, 3) Monkey Business/fotolia; (2) ullstein bild/Imagebroker; (4) U. Grabowsky/phototthek; (5) Michael Homann/fotolia; (6) ullstein bild/imagebroker. **S. 73:** Foto: Juliane Rohrmeier. **S. 76/77:** (1–5) HASchult-Museum. **S. 80:** Arcticphoto/laif. **S. 81:** (1) Alphacandy/fotolia; (2) fotolia. **S. 88:** (1–3) BilderBox. **S. 95:** NAS/Will & Deni McIntyre/Okapia. **S. 102:** (1) akg-images; (2) RC solutions/fotolia; (3) akg-images/Glasshouse images; (4) L. Drechsel/fotolia; (5) ullstein bild; (6) D. Divina/fotolia; (7) akg-images; (8) P. Sikora/fotolia. **S. 103:** (1) Stills-Online; (2) SZ-Photo/Teutopress; (3) BilderBox. **S. 104:** ullstein bild/dpa. **S. 117:** Abbildung: U-Bahn-Netz Wien (Stand: 2010) © Horst Prillinger. **S. 118:** Cover und Illustrationen: F. J. Tripp, in: Michael Ende, Jim Knopf und Lukas der Lokomotivführer © 1960 by K. Thienemanns Verlag, Stuttgart – Wien (Thienemann Verlag GmbH); Jim Knopf und die Wilde 13 © 1962 by K. Thienemanns Verlag, Stuttgart – Wien (Thienemann Verlag GmbH). **S. 119:** ullstein bild/dpa. **S. 120:** Hans Baumann, Allerlei Bahnen © 1988 Elisabeth Baumann. **S. 126:** Hergé, Tim und Struppi. Der geheimnisvolle Stern, Carlsen Verlag, Hamburg 1972 (Original: Casterman, Paris – Tournai 1947) © Hergé/Moulinsart 2010. **S. 127:** (1) Coverillustration: Cornelia Funke, Gestpensterjäger © 2009 Loewe Verlag GmbH; Bindlach; (2) Geolino, Gruner + Jahr; (3) Angelika Bentin/fotolia; (4) Tessloff Verlag; (5) Der Regenbogenfisch von Marcus Pfister © 1992 NordSüd Verlag AG, CH-8005 Zürich; (6) Disney/Ehapa. **S. 128:** (4) LEGO GmbH; (8) © PLAYMOBIL/geobra Brandstätter GmbH. **S. 129:** Cover: Elena Obermüller, in: Engelbert Gressl, Fremdwörter für Kinder, öbv & hpt, Wien 2005 (G&G Verlagsgesellschaft, Wien). **S. 137:** Cover und Illustration: Stefanie Wegner, in: Ulf Blank, Die drei ??? ® Kids. Internetpiraten, 2. Auflage © 2002, 2009 Franckh-Kosmos Verlags-GmbH & Co. KG, Stuttgart. **S. 138:** Abbildungen: Abfallwirtschaftsbetrieb München (AWM), www.awm-muenchen.de. **S. 140:** (1) privat; (2) SSPL/NRM/Pictorial Collection (Ausschnitt). **S. 142:** (1–4) Melanie Beutel. **S. 143:** Die Farbe des Schnees (Volksgut, Mazedonien).

Trotz entsprechender Bemühungen ist es nicht in allen Fällen gelungen, den Rechtsinhaber ausfindig zu machen. Gegen Nachweis der Rechte zahlt der Verlag für die Abdruckerlaubnis die gesetzlich geschuldete Vergütung.

Das Papier ist aus chlorfrei gebleichtem Zellstoff hergestellt, ist säurefrei und recyclingfähig.

1. Auflage 2010
Druck 13 12 11 10
Die letzte Zahl bezeichnet das Jahr des Drucks.
Alle Drucke dieser Auflage sind untereinander unverändert und im Unterricht nebeneinander verwendbar.

Umschlagkonzept: Mendell & Oberer, München
Umschlaggestaltung: Erasmi + Stein, München
Umschlagillustrationen: Martina Theisen, Stadecken-Elsheim
Lektorat: Ursula Händl-Sagawe
Bildredaktion: Susanne Reinhardt
Herstellung: Jutta Creutzburg
Grundlayout: Erasmi + Stein, München
Layout und Satz: Johanna Möykkylä, München
Reproduktion: Repro Ludwig, Zell am See
Druck: Firmengruppe APPL, aprinta druck, Wemding

ISBN 978-3-637-00467-2